U0041063

左傳・諸侯爭盟記

孫鐵剛・編撰

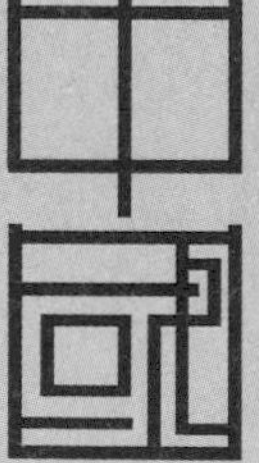

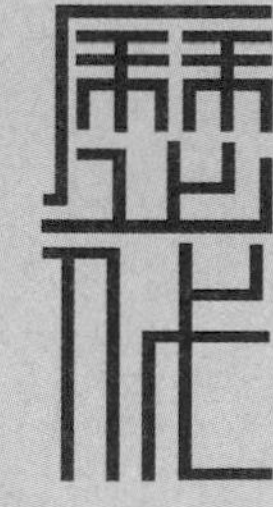

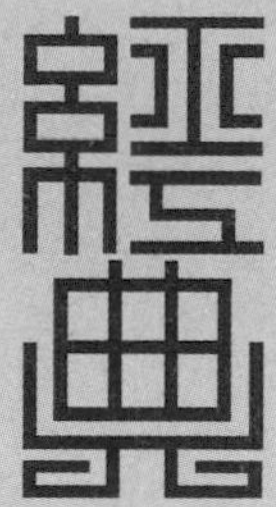

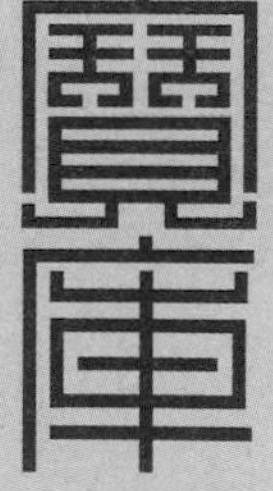

34

出版的話

時報文化出版的《中國歷代經典寶庫》已經陪大家走過三十多個年頭。無論是早期的紅底燙金精裝「典藏版」，還是50開大的「袖珍版」口袋書，或是25開的平裝「普及版」，都深得各層級讀者的喜愛，多年來不斷再版、複印、流傳。寶庫裡的典籍，也在時代的巨變洪流之中，擎著明燈，屹立不搖，引領莘莘學子走進經典殿堂。

這套經典寶庫能夠誕生，必須感謝許多幕後英雄。尤其是推手之一的高信疆先生，他秉持為中華文化傳承，為古代經典賦予新時代精神的使命，邀請五、六十位專家學者共同完成這套鉅作。二〇〇九年，高先生不幸辭世，今日重讀他的論述，仍讓人深深感受到他對中華文化的熱愛，以及他殷殷切切，不殫編務繁瑣而規劃的宏偉藍圖。他特別強調：

中國文化的基調，是傾向於人間的；是關心人生，參與人生，反映人生的。我們

的聖賢才智，歷代著述，大多圍繞著一個主題：治亂興廢與世道人心。無論是春秋戰國的諸子哲學，漢魏各家的傳經事業，韓柳歐蘇的道德文章，程朱陸王的心性義理；無論是貴族屈原的憂患獨歎，樵夫惠能的頓悟眾生；無論是先民傳唱的詩歌、戲曲，村里講談的平話、小說……等等種種，隨時都洋溢著那樣強烈的平民性格、鄉土芬芳，以及它那無所不備的人倫大愛；一種對平凡事物的尊敬，對社會家國的情懷，對蒼生萬有的期待，激盪交融，相互輝耀，繽紛燦爛的造成了中國。平易近人、博大久遠的中國。

可是，生為這一個文化傳承者的現代中國人，對於這樣一個親民愛人、胸懷天下的文明，這樣一個塑造了我們、呵護了我們幾千年的文化母體，可有多少認識？多少理解？又有多少接觸的機會，把握的可能呢？

參與這套書的編撰者多達五、六十位專家學者，大家當年都是滿懷理想與抱負的有志之士，他們努力將經典活潑化、趣味化、生活化、平民化，為的就是讓更多的青年能夠了解繽紛燦爛的中國文化。過去三十多年的歲月裡，大多數的參與者都還在文化界或學術領域發光發熱，許多學者更是當今獨當一面的俊彥。

三十年後，《中國歷代經典寶庫》也進入數位化的時代。我們重新掃描原著，針對時

代需求與讀者喜好進行大幅度修訂與編排。在張水金先生的協助之下，我們就原來的六十多冊書種，精挑出最具代表性的四十種，並增編《大學中庸》和《易經》，使寶庫的體系更加完整。這四十二種經典涵蓋經史子集，並以文學與經史兩大類別和朝代為經緯編綴而成，進一步貫穿我國歷史文化發展的脈絡。在出版順序上，首先推出文學類的典籍，依序有詩詞、奇幻、小說、傳奇、戲曲等。這類文學作品相對簡單，有趣易讀，適合做為一般讀者（特別是青少年）的入門書；接著推出四書五經、諸子百家、史書、佛學等等，引導讀者進入經典殿堂。

在體例上也力求統整，尤其針對詩詞類做全新的整編。古詩詞裡有許多古代用語，需用現代語言翻譯，我們特別將原詩詞和語譯排列成上下欄，便於迅速掌握全詩的意旨；並在生難字詞旁邊加上國語注音，讓讀者在朗讀中體會古詩詞之美。目前全世界風行華語學習，為了讓經典寶庫躍上國際舞台，我們更在國語注音下面加入漢語拼音，希望有華語處，就有經典寶庫的蹤影。

《中國歷代經典寶庫》從一個構想開始，已然開花、結果。在傳承的同時，我們也順應時代潮流做了修訂與創新，讓現代與傳統永遠相互輝映。

時報出版編輯部

【導讀】

史界革命之書

孫鐵剛

一提起中華文化，我們就會異口同聲地說道中華民族有五千年歷史文化。五千年來，中華民族一直活躍在人類的歷史舞台上，從不間歇。在我們居住的地球上找不到第二個與我們中華民族一樣悠久而綿延不斷的民族。是什麼因素造成中華民族不停的新陳代謝，保持民族的活力，創造歷史的新章呢？或許是我們中華民族看重歷史的關係，使得我們——中華民族——成為人類歷史上的巨人。

我們的祖先為了把他們開創歷史期間所得到的經驗與智慧，傳授給子孫們，於是留下了浩若瀚海的歷史書籍。《左傳》便是其中的一部。

《左傳》是我們早期歷史書籍中最重要的一部。近代的大學者梁啟超說《左傳》是「商周以來史界之革命」，又說《左傳》「實兩千年前最可寶貴之史料」。當代的中國史學大

師錢穆先生說：「我認為我們要讀古代的中國史，我們便應該拿這部《左傳》作我們研究的一個基準」。錢先生還認為如果我們要讀二十四史，便應先讀《史記》、《漢書》，然後再讀《後漢書》、《三國志》，把這四史讀熟了，其餘就有辦法了；但是，錢先生接著說：「《左傳》又是讀四史的基準」。《左傳》的價值由此就不難窺見了。其實，《左傳》的價值還不僅在於此，我們研讀《左傳》還能帶給我們「鑑往知來」的歷史智慧，幫助我們處理人間事務。

由於《左傳》是戰國時代的著作，我們今天的語言文字和當時的語言文字是有相當的差異，自然不容易了解。這本《諸侯爭盟記》是想作一個通往《左傳》原典的橋梁，希望閱讀過這本小書的讀者，有朝一日，能夠閱畢《左傳》原典，窺見中國歷史殿堂的宮室之美、百官之富，同時，吸取先哲先賢的智慧。

這本小書的宗旨，既是想作一個通往《左傳》原典的橋梁；因此，我就沒有重新的改寫《左傳》上的史事，而選取了一些代表性的史事，翻譯成語體文。由於《左傳》是一部卷帙浩繁的大部頭著作，從兩漢以來又有爭辯不休的問題，至今沒有一本較完善的注釋。又受到筆者學力的限制，再加上交稿時間的緊迫，因此，雖然，筆者盡量避免錯誤，但也不敢肯定所有的翻譯全是正確的。對於這些缺失和不完善的地方，尚祈讀者不吝地指示與斧正。

我們讀書，常常是隻言片語啟發了我們的思想，民國初年，學者呂思勉曾經說過：「然學問之道貴自得之（求學問的方法、竅門，自己找到的才是寶貴的），欲求自得必先有悟入處（要想自己找到方法、竅門，必定是先對於某一個問題、某一道理，能夠了悟，能夠豁然貫通）。而悟入之處，恆在單詞隻義，（而常常是單對於某一個問題，某一個道理的了悟，豁然貫通，常常是因為對於一個字義的認識，或一個詞彙的了解所引發的，而是別人所不注意的地方），此則會心各有不同，父師不能以　之子弟者也（這因為心領神會各人與各人不相同，父親不能教給兒子，老師不能教給學生）。」比如說太史公司馬遷作《史記》是要「究天人之際，通古今之變，成一家之言」的，而我們讀《史記・蕭相國世家》時卻了悟了太史公所不經意的「功人」和「功狗」。漢高祖說：「夫獵，追殺獸兔者狗也，而發蹤指示獸處者人也（打獵的時候，追逐撲殺野獸、兔子的是狗；而發現野獸蹤跡，指示野獸在什麼地方的是人）。今諸君徒能得走獸耳，功狗也（今天你們各位若能捉住那些逃走的野獸，這只能算是有功的狗）。至如蕭何發蹤指示，功人也（至於蕭何發現野獸蹤跡，指示野獸所在，這才算是有功的人）。」而悟出「功人」與「功狗」的不同，而使我們立身行事，出處進退，特別警惕，格外謹慎。雖然這本小書一定有許多缺失和錯誤的地方，但是《左傳》本身的內容太豐富，《左傳》本身的情節太精采，或許讀者仍然能夠獲得其中「鑑往知來」的歷史智慧，或許讀者得著其中「單詞雋義」而有所悟。

最後，借用莊子的「得魚忘筌」、「得意忘言」，與讀者共勉，取吸真理與智慧，放棄符號的糟粕。

左傳◆諸侯爭盟記

目次

前言——認識《左傳》

前言——認識《左傳》

秦始皇在消滅六國、統一天下之後的第八年（西元前二一三），聽從了丞相李斯的「有文學詩書百家語者，蠲除去之」、「若有欲學者，以吏為師」的建議，於是頒布了〈挾書律〉，於是「收去詩書百家之語，以愚百姓，使天下無以古非今」。在〈挾書律〉頒布後的第八年（西元前二〇六），項羽率領起義軍打入關中，占領咸陽，一聲令下，秦始皇苦心營建的阿房宮「付之一炬」，結果，連帶把秦始皇所搜羅來的天下圖書也全燒光了。直到〈挾書律〉頒布後的第二十三年（西元前一九一），漢惠帝才撤銷〈挾書律〉。這給中國先秦時代的書籍帶來了災難，也引發了今文經學與古文經學二千多年喋喋不休的爭辯。《左傳》在這場爭辯之中，始終是個很重要的角色。

《左傳》的來源

《左傳》這本書，究竟在什麼時候出現？就是一個爭論不休的問題。關於《左傳》的出現時代，有三種說法。

一、《左傳》是漢初張蒼獻出來的。

二、《左傳》是漢武帝時代，從孔子講學課堂的牆壁夾層中發現的。

三、《左傳》是西漢成帝晚年，劉歆從漢朝皇宮的祕府（書庫）中找到。

這三種說法，約略來說，一是《左傳》出現在漢朝初期，二是漢朝中期，三是漢朝晚期。

關於第一種說法，是東漢許慎說的。張蒼是位深曉文獻、章典、法律和曆法的人，他在秦朝時曾為御史。漢初助理蕭何掌管全國財賦，到漢文帝時，官至丞相。關於張蒼獻《左傳》的事情，很多學者，不予承認。他們所持的理由：

一、許慎根本是東漢時代古文經學的學者和贊助人，許慎的立場有偏差，恐怕許慎的主張有成見。

二、西漢其他的書籍上不曾出現張蒼獻《左傳》的記錄。

三、對於《史記．十二諸侯年表》上的「魯君子左丘明懼弟子人人異端，各安其意，失其真，故因孔子史記，具論其語，成《左氏春秋》」，近代今文經學家證明這些文字是古文經學家竄改《史記》，應當刪除。因此，不能採用這段史料來證明武帝之前已經出現了《左傳》。

第二種說法是東漢初年王充所提出來的。王充在他的《論衡》中說漢武帝時魯恭王要為自己建宮室，拆除孔子的講學課堂，在拆除孔子講學課堂的時候，從牆壁之中發現了十篇《左傳》。對於這個說法，清朝的大學者段玉裁說是「恐非事實」。由於王充是東漢初年人，在西漢的文獻之中也找不到這樣說法的佐證。

第三種說法是西漢末年大學者劉歆說的。漢武帝很重視他的藏書，他設置寫書官，抄寫很多遺失的古書。漢成帝在河平三年（西元前二六），命令陳農四出搜羅書籍，又命劉向、任宏等人校理宮中所收藏和搜羅來的書籍。

劉向校理藏書將近二十年，在成帝綏和元（西元前七）年去世。劉向的兒子劉歆繼承父業，繼續校理宮中的藏書。在第二年漢哀帝建平元年，劉歆指責當時太常博士的信中，曾說：「《春秋左氏》，丘明所修，皆古文舊書，藏於祕府（宮中書庫），伏而未發。孝成皇帝閔學淺文缺，稍離其真，乃陳發祕藏，校理舊文，得此三事（按三事指《左傳》、古文《尚書》和逸《禮》）。」

若依據劉歆所言，《左傳》就是在這個時間發現的。但是晚清今文經學家康有為著《新學偽經考》，考定《左傳》是劉歆所竄改偽造的。

民國十八年錢穆先生的〈劉向、歆父子年譜〉就是針對《新學偽經考》而作的，平反了《左傳》是劉歆偽造的這個問題。他又認為《左傳》在劉歆寫〈移書讓太常博士書〉之前已經發現。錢穆先生另在〈兩漢博士家法考〉中指出史公司馬遷確已看見《左傳》。換言之，不承認劉歆在祕府中發現《左傳》了。

總之，《左傳》究竟什麼時候出現，到現在還沒有真正解決這個問題。但是一般人多偏向《左傳》在漢朝初年就出現的說法，認為太史公作《史記》時，已經博採《左傳》上的記載了。

《春秋》與《左傳》

按照傳統的說法，《春秋》有三傳，即《左傳》、《公羊傳》、《穀梁傳》。《春秋》有三傳的說法是怎麼產生的呢？儒家到了戰國晚期已成顯學——也就是重要而有影響力的學派，儒家所傳習的《詩》、《書》、《禮》、《樂》、《易》、《春秋》被尊為經，凡是解說這六經的，而集結成為書籍就稱為傳，因此，每種經書的傳，也就是一個學派學說的結

晶。

漢景帝任命胡毋生與董仲舒為《春秋》博士。胡毋生和董仲舒兩人都是《公羊》學派的傳人，他們從《公羊》學的傳統去解說《春秋》。漢宣帝時立《穀梁》於學官，而劉向就是治《穀梁》而立為博士。

自劉歆請求為古文《尚書》、逸《禮》、《左氏春秋》建立於學官，設置博士之後，今古文經學的紛爭開始，由此今古文經學的旗幟明顯。

到了漢光武帝時，《左傳》終立博士。到東漢末年鄭玄混合了今古文經學之後，《左傳》的聲勢日盛，而壓倒了《公羊》、《穀梁》二傳。這就是《春秋》三傳的起源。

其實，西漢時代，《春秋》除《公羊》、《穀梁》、《左傳》三傳之外，還有《鄒氏傳》、《夾氏傳》等其他解說《春秋》的傳。到東漢班固寫《漢書》的時候，《鄒氏傳》和《夾氏傳》等已經失傳。

自漢哀帝建平元（西元前六）年到清末民初的今古文經學之爭「《左傳》是不是傳《春秋》之學」，就成為一個關鍵問題。今文經學者認為《左傳》是不傳《春秋》之學的，古文經學者認為《左傳》是傳《春秋》之學的。這個爭辯二千多年來的問題，在今天中國的學術界似乎已經不成為問題。所以會有這樣的局面，可分二方面來說：

第一、不少學者接受清朝中期今文經學大家劉逢祿的說法，他在《左氏春秋》考證提

出《左傳》不傳《春秋》之學的說法。

第二、多數的現代學者相當漠視《春秋》這本書。多數的現代學者對於《春秋》所抱持的態度：即使不否認孔子作《春秋》這件事，也絕不肯定孔子作《春秋》；即使肯定孔子作《春秋》，但只認為《春秋》不過是「斷爛朝報」，不過是「村店所用之流水帳本」，絕不承認《春秋》有什麼「微言大義」。總之，《春秋》是沒有什麼價值的書；因為《春秋》沒有什麼價值，根本就不理會《春秋》與《左傳》的關係。

至於《春秋》是不是孔子所作的呢？我們先看看，那位與孔子相距一百多年而願學孔子的孟子的說法。孟子說：

「世衰道微（社會風氣日漸衰落，天下為公的大道愈來愈不能推行了），邪說暴行有作（邪僻的論調、殘暴的行為又興起盛行），臣弒其君者有之（有臣子殺君主的事情），子弒其父者有之（有兒子殺父親的事情）。孔子懼（孔子深深憂慮這種情況），作《春秋》（於是寫下《春秋》這部書）。」

我們再看看，那位與孔子相距四百年左右而對孔子「心嚮往」的太史公司馬遷的說法。太史公說：

「子曰：『弗乎（不可以這樣白過一生）！弗乎（不可以這樣白過一生）！君子病沒世而名不稱焉（君子不能留名後世也是抱憾終身的事）。吾道不行矣（君王張天下為公的

道理不能實踐了），吾何以自見於後世哉（我怎麼才能讓後世的人認識我呢）？』乃因史記作《春秋》（於是根據過去的史書寫下了《春秋》這部書），上至隱公（向上追溯到魯隱公），下訖哀公十四年（向下寫到魯哀公十四年），十二公（上下包括十二個魯國的國君）。」

根據孟子與太史公的說法，孔子作《春秋》是應無疑問的。但是近人錢玄同認為「孟子書中『孔子作《春秋》』之說，只能認為與他所述堯、舜、禹、湯、伊尹、百里奚底事實一樣，不信任它是真事。」而顧頡剛則說：

「孟子以前無言孔子作《春秋》的，孟子的話是最不可信的。」

如此，他們就否定孔子作《春秋》。如果，孟子和太史公的話不真、不可信；那麼，我們又應該相信誰的呢？

《春秋》是一部什麼樣的書呢？在這裡只簡單介紹孟子和太史公的說法。

孟子說：

「孔子成《春秋》而亂臣賊子懼（孔子作成《春秋》之後，作亂的臣子、不肖的兒子都害怕了）。」

太史公說：

「夫《春秋》，上明三王之道，下辨人事之紀（《春秋》闡明了三王的天下為公的大道，

辨清了種種人間事務的法度）；別嫌疑，明是非，定猶豫（分辨了疑慮，弄明了真理，定奪了遲疑不決）；善善惡惡，賢賢賤不肖（褒揚好人，嚴懲壞蛋，推舉賢能的官吏，廢除無能的官吏）；存亡國、繼絕世（救助遭受侵略而面臨亡國危機的國家，扶持國內政權移轉而發生問題的國家）；補敝起廢（修理破壞缺失的，啟用閒置不用的）：王道之大者也（這些是推行天下為公之道的犖犖大者）。」從這些話看來，我們認為孔子確實是把他的「微言大義」寄寓在《春秋》這部書裡了。

事實上，在隋唐以前，《春秋》比《論語》受人看重。到北宋《論語》才取得和《春秋》同等的地位。直到程顥、程頤和朱熹提高了《論語》的地位，《論語》才超過了《春秋》。

如果不再墨守今文經學與古文經學的門戶，我們認為《公羊》、《穀梁》與《左傳》都傳《春秋》之學，《公羊》、《穀梁》傳的是《春秋》之義，而《左傳》所傳的是《春秋》之事。所謂《春秋》之義，就是講《春秋》一書中所寓有的一些抽象的理論；所謂《春秋》之事，就是講《春秋》一書中的具體史事。

《左傳》的著作時代

太史公在《史記》中寫道：

「魯君子左丘明懼弟子人人異端（魯國的君子人左丘明，憂慮孔子的弟子人人講的不同），各安其意（各人按照各人的意見去講《春秋》），失其真（喪失了原始的本意），故因孔子史記具論其語（所以根據孔子作《春秋》的史料，詳細敘述史實的原委），成《左氏春秋》（寫成了《左氏春秋》）。」

從這裡，我們知道兩件事。第一件，《左氏春秋》是傳《春秋》之事。第二件，《左氏春秋》是在孔子《春秋》作成後不久，左丘明寫的。

關於《左氏春秋》的作者，西漢的太史公、劉向、劉歆，東漢的班固等人都認為是左丘明寫的。但自北宋開懷疑經書的風氣之後，《左氏春秋》的作者，就有許多說法，如：王安石認為左氏是戰國時代的人；葉夢德認為《左氏春秋》是戰國與秦之交時候的人所作；鄭樵認為《左氏春秋》是戰國時代楚國人所作等等。清代學者中有很多人認為《左傳》不是春秋末年左丘明所作。晚清今文經學家康有為認為現存的《左氏春秋》是劉歆偽造。

民國初年「官史辯運動」時期的學者，受康有為的影響，又掀起考證《左氏春秋》的作者的風氣。首先，衛聚賢作成《左傳的研究》一書，考定《左傳》是孔子的學生子夏所作，然後子夏傳給衛國左氏地方的吳起。《左氏春秋》，因吳起是左氏地方人而得名。後瑞典高本漢（Bernhard Karlqren）作《論《左傳》真偽及其性質》（*On the Authenticity and the Nature of the Tsochvan*），高氏對於《左傳》有二點看法：

一、在焚書之前就存在了，《左傳》的著作時代在西元前四六八到前三〇〇之間。

二、從文法證明《左傳》不是魯國人的作品。

清朝乾嘉學者姚鼐認為左氏之書不是一人所著成，而是吳起對於魏國史事加以添造、加以美化而成的。這引發了錢穆先生提出了吳起傳《左氏春秋》，否定了左丘明傳《左氏春秋》的說法。

為什麼會產生《左氏春秋》（或稱《左傳》）不傳自左丘明的說法呢？一方面是由於今文經學與古文經學之爭而產生，今文經學家一口咬定《左氏春秋》是劉歆偽造。另外一方面，《左傳》之中記載了許多發生在孔子之後的事情，《左傳》之中有許多卜者的預言都很靈驗，因此，考定《左氏春秋》絕非孔子同時人左丘明所作。關於今文經學家所主張《左傳》是劉歆偽造的說法，經過民初以來學者的研究與討論，這種說法已經不成立了。

至於《左傳》不是左丘明所作而是其他人所作的說法，在這裡且提出我們的看法。自

清朝中葉章學誠之後，我們對於先秦的著述體裁才有進一步的認識。章氏提出孔子以前無私人著述。

章氏並對於戰國時代的私人著述有他獨到的解說：

「諸子之奮起，……每有得於大道之一端，而遂欲以之易天下，其持之有故，而言之成理者，故將推衍其學術，而傳之其徒焉。苟足顯其術而立其宗，而援述於前，與附衍於後者，未嘗分居立言之功也。故曰，古人之言，所以為公也。未嘗矜其文辭，而私據為己有也。」

根據這些話，我們知道戰國時代的私人著述，其實都是一家之言。換句話說，也就是一個門派的學說。依照這種觀點，我們可以一本一本來討論戰國時代的私人著述。如《孟子》一書，不是孟子本人所著，而是孟子這個門派的著述。《墨子》、《莊子》、《荀子》……也是一樣。這樣子就不會對於一本書的著作時代斷斷相爭，辯論不休了。

對於《左傳》，我們也是持這個觀點，認為《左傳》也是一家之言。《左傳》既是一家之言，自然不會是左丘明一人所作，而有後人添枝加葉的部分，因此《左傳》之中載有左丘明之後的史事就不足為奇了，並不因為《左傳》有左丘明之後的史事，就否定了左丘明作《左氏春秋》。基本上，我們認為《左氏春秋》是孔子同時人左丘明所作而經過後人的添加增補。

《左傳》與《國語》

《左傳》與《國語》這兩部書也有很大的糾葛。民國初年對於《左傳》與《國語》的關係，不少學者從事釐清。《左傳》與《國語》的關係，有四種不同的主張：

第一，《左傳》和《國語》是二部書，同為左丘明所作。兩漢的學者如太史公司馬遷等人就是這種主張。

第二，《左傳》與《國語》原是一書，後來割裂為二。晚清今文經學家主張尤力，康有為根本認為劉歆偽造《左傳》，就是由《國語》割裂而來。

第三，認為《左傳》與《國語》不是一人所作。

第四，認為《左傳》與《國語》兩書不是從一本書割裂而成。

今人張以仁先生作〈論《國語》與《左傳》的關係〉，比較《左傳》、《國語》與《史記》，判定《左傳》與《國語》絕不是由一書分裂而成。又作〈從文法、語彙的差異證《國語》、《左傳》二書非一人所作〉，判定《左傳》、《國語》不是同一人所作。換言之張氏主張《左傳》與《國語》原是不同二人所作的書。張氏這種主張為多數今日學者所接受。釐清了《左傳》與《國語》的關係，確定了《左傳》不是從《國語》一書之中割裂

而成的。

關於《左傳》的注釋

語言文字經過時間就會有所改變，時間相距越久，語言文字就相差越大。《左傳》是一部先秦時代的書籍，因此需要注釋。在這裡把關於注釋《左傳》的情形，作一個簡單的介紹，提供閱讀《左傳》原典的參考。

在東漢初年就有賈逵作《左氏傳解詁》，東漢後期又有服虔作《春秋左氏傳解》。西晉杜預作《左傳集解》，杜預《左傳集解》直到今天還被公認為《左傳》的標準注解本。唐代孔穎達把《春秋經》、《左傳》和杜預的《左傳集解》合在一起解釋，作《左傳正義》。自唐代頒定五經正義之後，服注的《左傳》就不傳了。從唐代經宋、元、明、清，直到今天，對於《左傳》有不少專門研究的著作，但對於《左傳》一書作全面注釋的書卻不多，只有清朝洪亮吉的《左傳詁》等少數的書。日本人竹添光鴻在西元一八九三年成《左傳會箋》一書，這本書目前相當流行。此外，清代劉文淇有《春秋左氏傳舊注疏證》。

在這些注釋之中，以劉文淇的《春秋左氏傳舊注疏證》最好。可惜這部書只寫到襄公五年，大約只有《左傳》全書的一半。事實上，《春秋左氏傳舊注疏證》是劉氏祖孫三代的未竟之業，大概在清朝嘉慶年間，劉文淇就開始著手《春秋左氏傳舊注疏證》的工作，先後作了四十年，整理出來八十卷的長編，有稿數十巨冊；接著由他的兒子劉毓崧繼續父業；等到毓崧去世之後，又由長子壽曾承繼祖業；然後，毓崧的二子貴曾、三子富曾也都參與祖業，但是仍未完成。

如今，非但《春秋左氏傳舊注疏證》沒有完成，而且那數十巨冊的長編稿也不知下落了。數十巨冊的長編稿在什麼時候遺失的呢？民國八年，劉富曾在寫他的亡姪劉師培的墓誌銘上說，他曾想回老家，和劉師培一起重整祖先的《左傳疏證》的舊業。由這件事情，我們可以推斷那數十巨冊的長編稿，在民國初年仍然存在。從劉氏的《春秋左氏傳舊注疏證》一稿，我們知道研究學問不是一蹴可幾的，而是經年累月，世代相承的事業；同時，我們也知道學術文化與國家的政治、社會的安定息息相關。

中國自晚清以來，社會動盪，所損失的又何止是那數十巨冊的《春秋左氏傳舊注疏證》長編稿呢？今文經學與古文經學之爭，又何嘗不與秦漢之際的社會不安有關呢？

《左傳》萃編

鄭莊公打跑他弟弟共叔段

隱公元年（西元前七二二）

原先，鄭武公娶了位申國的女子姜氏為妻，姜氏生了鄭莊公和共叔段。由於姜氏生鄭莊公的時候難產，飽受一場痛苦與虛驚，所以很討厭鄭莊公，給莊公取了一個名字叫「寤生」，而她很寵愛共叔段。於是姜氏屢次要求鄭武公立共叔段為國君繼承人，鄭武公一直不答應。

等到鄭莊公即位之後，姜氏為共叔段請求把制（在今河南省鞏縣東）這個地方作為封邑。

鄭莊公假裝好心地說道：

「制是個形勢險要的地方，從前虢叔就因為憑恃制這個地方的形勢險要，而不去修行

品德，結果在那個地方喪失性命。如果請求其他的城邑，那麼我就唯命是聽。」

於是，姜氏要求把京（在今河南省滎陽縣東南）這個城邑封給共叔段，鄭莊公答應了，讓共叔段領有那個城邑，所以大家稱共叔段為京城太叔。

這時候鄭國的大夫祭仲（ㄓㄞˋ ㄓㄨㄥˋ zhài zhòng）說道：

「一個城邑的大小超過三百方丈，那是有害國家的。先王所定的制度，大的城邑不超過國都的三分之一，中等的城邑不超過國都的五分之一，小的城邑不超過國都的九分之一。如今京的城邑已經太大了，不合先王的制度。您將會受不了，無法控制的。」

莊公回答：

「我母親姜氏要這樣做，我怎能躲避得了這些災難？」

祭仲接著說：

「姜氏哪裡會有滿足的？不如早為共叔段作個安排，不要讓他的勢力滋長蔓延，一蔓延開來就不好對付。蔓延的野草尚且都不容易除盡，何況是一國之君的寵弟？」

莊公說：

「多行不義，必定自取滅亡，您姑且等著瞧吧！」

不久，共叔段命令把鄭國西邊和北邊的邊邑，一方面屬於莊公，一方面又屬於自己。

鄭國的另一位大夫公子呂說：

「一個國家不容許有二個人統治。您將如何處理這件事？如果把鄭國交給共叔段統治，就請您允許我去侍奉他；如果不把鄭國交給共叔段，那麼就請求您把他除去，不要使民生二心。」

莊公說：

「用不著，共叔段不久就會自食其咎的。」

沒多久，共叔段把原先屬於兩個人統治的地方，乾脆收歸己有，並且擴張到延稟（在今河南省延津縣北）這個地方。

公子呂著急地說：

「行了！行了！土地再擴大，就更有不少人要歸附他了。」

莊公說：

「一個多行不義的人，是沒有人會歸附他的，土地擴大只會加速他的敗亡。」

同時，共叔段修葺城牆，聚集人民，製造鎧甲、武器，訓練步兵、車兵，準備偷襲鄭國國都。姜氏預備作內應，開城門。

鄭莊公連共叔段偷襲的日期都知道了，才說道：

「行了！」命令公子呂率領兵車二百輛去討伐京。京地人民反叛共叔段。共叔段於是逃到鄢（在今河南省鄢陵縣）去了。莊公又領兵伐鄢。五月二十三日，共叔段又逃亡到共

國（在今河南省輝縣）。

於是，莊公把姜氏放逐到城潁（在今河南臨潁縣西北），並對她發誓說：「今後我們除了到地下的黃泉，是不會見面了。」——不久，莊公很後悔他發了這個誓。

潁谷（在今河南省登封縣西南）管理疆界的官叫作潁考叔的，聽到了這件事，就獻些物品給莊公。莊公款待他吃飯，他吃飯的時候故意不吃肉，莊公問他什麼緣故？他對答道：「我家中有母親，我母親吃過我所有的食物，而沒吃過國君的食物，我想要求您把這些食物留給我母親。」

莊公感嘆地說道：「你有母親，可以送東西給她，而我卻沒有。」

潁考叔說：「斗膽冒犯您一句，您說這話是什麼意思？」莊公說出了事情的原原本本，並且告訴他現在的悔意。

潁考叔回答說：「您對這事有什麼好憂慮的？假如，挖個地道一直挖到地下的泉水，在隧道裡和您母親姜氏相見，那麼，又有什麼人能說這是不對的呢？」

莊公按照潁考叔的話去做。莊公進入隧道中唱著：

「大大隧道中，快樂也融融。」

姜氏走出隧道時也唱著：

「大大隧道外，高興又痛快。」母子的感情就從此恢復了。

君子說：

「潁考叔真是個孝子。他愛他的母親，擴大影響到鄭莊公也能愛他的母親。《詩經》上有句詩：『孝子不匱，永錫爾類。』——孝子的孝沒有窮盡，永久把它給予你的同類——大概是說這種情況吧！」

周平王與鄭莊公交換人質

隱公三年（西元前七二〇）

鄭武公與鄭莊公父子都做過周平王的卿士，掌管周朝王室的政治；後來周平王想讓西虢公分享鄭莊公的權力，就不再專任鄭莊公，因此鄭莊公怨恨周平王。

由於周平王怕得罪鄭國，當莊公問起這件事時，周平王卻回答說：「沒這回事。」

所以周朝王室和鄭國互相交換人質，周平王派王子狐到鄭國作人質，鄭國派公子忽到周王室那裡作人質。

三月二十五日，周平王駕崩，周朝王室準備起用西虢公當政。四月，鄭國大夫祭足率領軍隊到王畿之內的溫地（在今河南省溫縣西南）去踐踏麥田。同年的秋天又到洛邑（在

今河南省洛陽縣東郊）去踐踏禾田，周王室與鄭國的感情更加破裂，彼此憎恨益深。

君子評論這件事說：

「誠信不發自內心，雖交換子弟作為人質，是沒多大作用的。假如彼此能夠互相了解，互相體諒，只要用禮來互相約束，雖然沒交換人質，誰又能夠離間得了呢！只要互相了解，互相信任，山澗、谿谷、沼澤、小渚上的毛草，大蓱（ㄆㄧㄥˊ ping）、白蒿、聚藻、水草之類蔬菜，竹筐、鐵鍋之類的器具，停積的水、流動的水，都可用來祭享鬼神，都可用來進奉王公。何況正人君子締結兩國的邦交，按禮來行事，哪裡需要用人質來保證呢？《詩經》國風的〈采蘩〉、〈采蘋〉諸篇，大雅的〈行葦〉、〈泂酌〉諸篇就在說明忠信之行的道理。」

鄭國大敗北戎

隱公九年（西元前七一四）

北戎（分布在今太行山山麓一帶）侵犯鄭國，鄭莊公率領軍隊抵抗，他憂慮北戎的軍隊，說道：

「他們是步兵，我們是車兵，我們戰車不易調度，難於忽進忽退，我擔心北戎不與我們正面作戰，而從我們後面突擊。」

鄭莊公的兒子公子突說：

「先派一批勇敢壯士試探攻擊北戎，然後趕快撤退，以引誘北戎追躡，同時，您準備三道伏兵等待北戎。戎人性情輕浮而隊伍不嚴整，貪婪而不互相親愛，戰勝不相退讓，戰敗不相援救，前鋒部隊看見勝利一定趕快前進，前進遭遇埋伏一定盡快逃跑，在後面的部

隊是不會援救的，那麼他們就失去救應，我們就可以獲勝了。」

鄭莊公聽從了公子突的建議。果然，戎人的前鋒部隊遭遇埋伏而逃跑了。鄭國大夫祝聃帶兵從後面追趕，包圍了一部分北戎軍隊，前後夾擊，全數殲滅。其餘的北戎軍隊趕快逃跑。十一月二十六日，鄭國人大敗北戎的軍隊。

滕侯、薛侯爭居首席

隱公十一年（西元前七一二）

魯隱公十一年春，滕侯（滕國在今山東省滕縣西南）、薛侯（薛國在今山東省滕縣南）來朝見魯隱公。

他們兩人爭居首席。

薛侯說：

「我們的祖先先受封，我的資格老，應該居首席。」

滕侯說：

「我是周王朝廷的卜正之官。薛是眾姓，我不可以屈居他之下。」

魯隱公派公子翬（ㄏㄨㄟ huī）代表自己請求薛侯說：

「承您和滕國國君屈尊來訪問我國，我實在感激不盡，周人有句諺語說：『山上有木材，工匠去割裁；賓客有禮儀，主人擇所宜。』周人所主持的會盟，異姓在後面。假如我們魯國國君到薛國朝見，也不敢和諸任姓國家爭先。如果您屈尊惠臨敝國，則請求您允許滕侯位居您之上。」

薛侯答應了，於是滕侯居於首席。

公子翬派人刺殺魯隱公

隱公十一年（西元前七一二）

公子翬為了想做魯國的太宰（執政官），因此在魯隱公面前講魯桓公的壞話，主張把桓公給殺了。

魯隱公反而說：

「就因為過去他年少，我才代他攝理政事，現在他年歲長大了，我要把君位交還給他；我還準備在菟裘（在今山東省泗水縣西北）修築宮室，打算在那裡養老。」

公子翬聽完隱公這一番話之後，看看計不得逞，不由得心生恐懼，於是反過來在魯桓公的面前說隱公的壞話，而請求桓公把隱公殺了。

當魯隱公還是做公子的時候，曾率領軍隊與鄭國的人在狐壤（在今河南省禹縣東南）

交戰，結果被俘擄了，鄭國人把他囚禁在鄭國大夫尹氏那裡，隱公賄賂尹氏，而祭祀禱告尹氏的神主——鍾巫——然後和尹氏一同回到魯國，在魯國設立了鍾巫的祭祀。

隱公十一年十一月，魯隱公去祭祀鍾巫，在社圃那個庭園中齋戒，住在魯國大夫寫（ㄨㄟˇ wěi）氏的家裡。十一月十五日，公子翬派刺客把在寫氏家中的魯隱公殺了。然後擁立桓公，派兵討伐寫氏，並殺死了一干人。

季梁諫止追擊楚軍

桓公六年（西元前七〇六）

楚武王侵伐隨國（在今湖北省隨縣），一面派遣大夫薳（ㄨㄟˇ wěi）章到隨國去求通好，一面派遣軍隊駐紮在瑕（在今湖北省隨縣），等待時機。隨國派遣少師蒞盟。

楚大夫鬥伯比對楚武王說：

「我們楚國對於漢水以東小國的計劃，沒有達到預定的目標，這是因為我們策略有錯誤所造成的。我們原來的策略是，擴張軍隊，更新軍備，而用武力去威脅他們各國。他們卻因為恐懼我國的軍力，團結合作，對付我們；所以我們很難離間他們得到利益。漢水以東各國之中，隨國最大。隨國的勢力若是擴張，必定拋棄其他小國，造成漢水之東各小國之間離心離德，而不團結合作。這樣，我們楚國就能得到利益。隨國少師為人傲慢，讓我們毀損軍容，像是不堪一戰的軍隊去引誘隨國擴張勢力。」

楚大夫熊率（ㄌㄩˋ lǜ）且比說：

「隨國賢大夫季梁還在，這樣有什麼用處？」

鬥伯比說：

「這是長久之計，將來終會發生效用的。因為少師得到隨君寵信，隨君遲早會聽從少師的意見。」

楚武王聽從鬥伯比的建議，毀損軍容，去接納少師。

少師回到隨國之後，請求隨侯追擊楚軍。

隨侯正要答應少師請求的時候，季梁出來阻止，說：

「現在正是上天把好運交給楚國的時候，楚國的國勢蒸蒸日上，楚國所表現出不堪一擊的軍容，那是他們想引誘我們上當的，君王君何必那麼急呢？臣聽說一個小國之所以能對抗大國，就在於小國能按天道辦事，而大國卻胡作非為。所謂天道，就是對人民盡忠，對鬼神守信。在上位的人苦心思慮人民的利益，這就是忠；祝史祭祀時的祝禱不誇張、不欺騙，這就是信。如今人民肚子餓得吃不飽，而君主只想放縱自己私慾；祝史祭祀鬼神禱告，總在誇張功德，欺騙鬼神。臣不認為這樣是可以的。」

隨侯說：

「我祭祀所用牛、羊、豕三牲，毛色純正，形體肥大，小米高粱，豐盛齊備。為什麼不能算是對神守信？」

季梁回答：

「人民是鬼神的主人。因此古代聖王先養人民，使他們有所成就，然後才致力於侍奉鬼神。所以奉獻犧牲祝禱時，說：『碩大而肥美』，這是說人民的力量普遍存在，人民所飼養的牲畜肥大而繁盛，人民的牲畜皮毛純潔而沒有癬疥，各種物品具備不缺。奉獻裝著黍稷的祭品祝禱時，說：『黍稷百穀，豐盛齊備』，這是說春、夏、秋三季沒有災害，可以盡力耕耘，人民同心協力，而年歲豐收。奉獻美酒祝禱時，說：『嘉穀釀造美酒』，這是說我們無論居上位或在下位的人，都有美德，都不存邪心。所謂香酒可以遠聞，而人心本不邪惡。所以，我們在春、夏、秋三季要專心工作，要好好學習父義、母慈、兄友、弟恭、子孝五種做人的道理，要親愛自己的親戚宗族，然後才致力於祭祀鬼神。如此，人民才能同心協力，而得到鬼神的保佑賜福。等到人民一心一德、鬼神保佑賜福之後，興師動眾才會成功。如今人民各人有各人的打算，鬼神不知道究竟應該保佑哪一些人。鬼神就像失去了主人似的，不知所措，雖然君王單獨奉獻非常豐盛的祭品，這哪可能得著鬼神的保佑？君王只有暫且整飭政教，而親近兄弟之國，或能避免災難。」

隨侯心生恐懼，努力整飭國內的政治，楚國因而不敢進攻隨國。

父親和丈夫哪一個親？

桓公十五年（西元前六九七）

鄭國大夫祭仲專權而跋扈。鄭厲公對於祭仲的專權跋扈非常地擔憂，於是厲公想找祭仲的女婿雍糾把祭仲殺了。雍糾預備在一次城郊邀請祭仲的宴會之中，殺掉祭仲。這事情給祭仲的女兒雍姬知道了。

雍姬回家問她的母親說：

「父親和丈夫哪一個親？」

她母親說：

「任何男人都可成為丈夫，父親只有一個，丈夫怎麼可以和父親相提並論呢？」

於是雍姬就告訴祭仲說：

「雍糾不在家裡請您吃飯，而準備在城郊請您吃飯，我就覺得奇怪，有點不對勁。」

然後她把事情的原委告訴了她父親。於是祭仲設計把雍糾殺了，並把雍糾的屍體丟到鄭國大夫周氏的水池子裡。

鄭厲公可憐雍糾被殺，所以收了雍糾的屍，準備用車裝載他的屍體，一起逃亡外國，並說：

「拿事情跟婦人商量，死得活該！」

夏天，鄭厲公逃亡到蔡國。六月二十三日，鄭昭公從衛國回來登上王位。

齊國的連稱、管至父之亂

莊公八年（西元前六八六）

齊襄公派遣連稱、管至父戍守葵丘（在今山東省臨淄縣東）。他們兩人在七月瓜熟時節前往葵丘，在他們出發之前，齊襄公告訴他倆說：

「到明年瓜熟時節，我會派人去接替你們。」

一年戍期已滿，齊襄公的命令不來，他們兩人就請求襄公派人接替，襄公卻不答應，所以他們兩人計劃作亂。

齊僖公的弟弟叫夷仲年，夷仲年的兒子叫公孫無知。齊僖公很寵愛他的姪兒公孫無知，所以公孫無知穿的衣服和所享受的待遇像嫡子一樣。當齊襄公繼位之後，把公孫無知的待遇削減了。因此，公孫無知對於他的堂兄弟齊襄公不滿。

連稱、管至父因此勾結公孫無知作亂，要擁立公孫無知替代齊襄公。連稱有位堂妹是齊襄公的後宮，但是得不到襄公的寵愛。公孫無知使她去窺伺齊襄公的行動，並對她說：

「要是事情成功，我會以你為夫人。」

冬天十二月，齊襄公到姑棼（在今山東省博興縣東北。棼，音ㄈㄣˊ fén）去遊玩，後來到貝丘（今山東省博興縣南）打獵。齊襄公見一隻大野豬，但陪同人員叫道：

「看哪！公子彭生。」

原來，齊襄公是淫亂無恥的人，魯桓公的夫人文姜是齊襄公的妹妹，但襄公卻與她私通。魯桓公十八（西元前六九四）年，文姜和魯桓公一同到齊國去。魯桓公發現文姜和齊襄公的不正常關係，於是責備文姜；文姜告訴了齊襄公，襄公便差使公子彭生把魯桓公害死了。後來魯國向齊襄公提出質問，襄公便殺死公子彭生來推卸責任。公子彭生的死是冤枉的，所以就變成了大野豬來向齊襄公索命。

襄公聽到侍從叫道「公子彭生」一邊發怒地叫道：

「彭生哪敢出現！」

一邊瞄準了箭射向大野豬，大野豬像人一樣地兩腳站起來啼叫，這一下子，齊襄公嚇壞了，從車上摔下去，腳摔傷了，鞋子也弄丟了。

出遊回宮之後，襄公向徒人費（徒人是為國君使喚的小臣）究詰盤問鞋子的下落，鞋

子找不回來，把徒人費用鞭子鞭打出血。

徒人費離開襄公，在宮門外遇到作亂的人，作亂的人就把徒人費給捆了起來。

徒人費說：

「我為什麼要抵禦你們呢？」

徒人費脫下衣服，把背上的傷痕給那些人看。作亂的人相信徒人費的話。徒人費請求那些作亂的人讓他先進去，他進去之後把襄公藏起來，然後和作亂的人格鬥，戰死在門中。另一位襄公小臣石之紛如戰死在臺階之下。

作亂的人打進宮廷，把躺在床上假冒襄公的小臣孟陽殺死，說道：

「不像是國君，不像是國君。」

後來看到齊襄公的腳露在門下，就把他殺了，而擁立公孫無知。

原先，齊襄公繼位的時候，政令無常。齊國大夫鮑叔牙說：

「國君放肆倨傲地頤指氣使人民，要起亂子了！」於是擁戴公子小白出奔到莒國（在今山東省莒縣）。

當亂事發生之後，管仲、召忽擁戴公子糾跑到魯國。

原先，公孫無知曾虐待齊國大夫雍廩，魯莊公九（西元前六八五）年春天，雍廩殺公孫無知。

長勺之戰

莊公十年（西元前六八四）

魯莊公十年春天，齊國軍隊攻打魯國。魯莊公準備應戰，曹劌（ㄍㄨㄟˋ guì）請求莊公接見。

與他同住的鄉里人說：

「那些高官厚祿、吃大肥大肉的人會商量和齊國作戰的事情，關你什麼事！你也想擠進去插一腳？」

曹劌說：

「那些吃大肥大肉的人的腦筋蔽塞，沒辦法深謀遠慮。」於是他去拜見莊公。

曹劌劈頭第一句就問：

「君王憑什麼去跟齊國作戰？」

莊公說：

「我所喜歡的衣服、食物，不敢一個人獨享，一定分給旁人同享。這麼做，人民應該會支持我的。」

曹劌答道：「君王這種小恩小惠，只有少數人沾光，並不普及廣大的民眾，人民不會聽從您的。」

莊公說：

「祭祀時候，犧牲、玉帛、百穀、花果等祭品，不敢隨便添加，一定本著誠信、肅穆去祭祀。這麼做，鬼神應該會賜福保佑的。」

曹劌回答說：

「這只是一種小小誠信，未必能讓所有的鬼神都相信，鬼神也不會賜福保佑的。」

莊公說：

「法院中大大小小的審判，雖然不能做到每一件判案都明察秋毫，但是一定做到合情合理的判決。」

曹劌肅然起敬地對莊公說：

「這是為人民盡心盡力謀事，稱得起忠於人民。憑這個可以和齊國作一殊死戰。如果對齊作戰，就請君王允許我隨您參戰。」莊公與曹劌同乘一輛兵車前往，在長勺（在今山東省曲阜縣北境）與齊兵作戰。

莊公準備敲擊戰鼓，發布攻擊的號令，曹劌說：

「時候還不到，不可以下號令出擊。」

齊軍敲過三次戰鼓，曹劌說：

「可以敲打戰鼓，發出攻擊的號令。」

齊國軍隊戰敗崩潰，莊公準備追逐齊軍，曹劌說：

「慢一點。」

他下車檢查齊軍兵車的痕跡，爬上車軾向前遠望，然後說：

「可以了。」於是，莊公下令追逐齊國的軍隊。

打勝仗之後，莊公問曹劌他那麼做的道理。

曹劌回答說：

「關於作戰這件事，最需要勇氣。第一次敲擊戰鼓時，提起了軍隊勇氣；第二次敲擊戰鼓時，軍隊的勇氣就有點由盛而衰了；第三次敲擊戰鼓時，軍隊的勇氣跑光了。齊軍的勇氣跑光了，而我們軍隊卻充滿了勇氣，所以我們能打垮齊軍。然而，大國是很難逆料的，怕他們假裝潰敗而設下埋伏。我下車看見他們車輪痕跡很亂，登高望見他們的軍旗也

七倒八歪的，我判斷齊軍不是假裝潰敗，引誘我們走入他們的埋伏，所以才開始下令追逐他們。」

衛懿公好鶴亡國

閔公二年（西元前六六〇）

冬十二月，狄人（狄人在今太行山山麓一帶活動）攻打衛國。由於衛懿公平日養鶴，也喜歡鶴。懿公讓他養的鶴乘坐有大夫資格才能乘坐的軒車。

由於狄人入侵，衛懿公召集國人準備發兵作戰，那些接受兵器和鎧甲的國人說：「讓您養的鶴去和狄人作戰吧！您的鶴都有爵位俸祿，我們還沒資格乘坐您的鶴所乘坐的軒車呢！我們這些沒有功名的人怎麼會作戰呢！」

衛懿公莫可奈何，只好給衛大夫石祁子玉玦（古代的一種玉器），給寧速箭，要他們防守狄人，說：

「你們兩人要善於利用玦和箭來保衛國家安全，玦是表示要能決斷，箭是表示捍衛國

家。你們要選擇有利的事情去做。」

他又把五采繡衣給了他的夫人，說：「夫人，妳從現在起，要聽石祁子和寧速的話去做。」

渠孔為懿公駕兵車，子伯為車右，黃夷作開路前鋒，孔嬰齊殿後壓陣。衛軍和狄人在熒（ㄧㄥˊ yíng）澤（在今河南淇縣東）大戰，衛國軍隊潰敗，於是狄人滅了衛國。（按：狄人退兵之後，衛又復國）

齊桓公伐楚

僖公四年（西元前六五六）

魯僖公四年春天，齊桓公率領諸侯的軍隊侵入蔡國。蔡國的軍隊潰敗後，又去討伐楚國。

楚成王派使者跟諸侯的軍隊交涉說：

「你們齊國居住在北海之濱，我們楚國居住在南海之濱，我們和你們相距那麼遠，真是風馬牛不相及，一點關係也扯不上。沒想到你們居然侵入我們的土地，這算是哪一門子的道理？」

齊國的管仲對答道：

「周成王時，太保召公奭（ㄕˋ shì）告訴我們的先君姜太公說：『各國諸侯有什麼不對

的行為，你都有權去討伐他們，好來輔助周朝王室。』頒賜給我們討伐的範圍：東到海邊，西到黃河流經之地，南到穆陵，北到無棣。你們該上貢成捆的菁茅，卻不按期交貨，周天子的祭祀用品供給不上，沒有菁茅就沒有用來縮酒的東西。我要責問這件事，並且，周昭王南征而沒有回去，我也要責問這件事。」

楚國的使者回答道：

「菁茅沒按時上貢，是我們國君的罪過，我們哪敢不上貢呢？至於周昭王南征沒有回去，那麼，請您到漢水水濱去問一問吧！」

於是，諸侯的軍隊向前推進，在陘（ㄒㄧㄥˊ xíng，今河南省郾城縣南）駐紮下來。

那年夏天，楚成王派遣楚國大夫屈完前往諸國的軍隊。各國的軍隊向後撤了一些，在召陵（在今河南省郾城縣東）駐紮下來。

齊桓公把各國的軍隊布置起來，和屈完乘車檢閱這些軍隊。齊桓公假裝謙虛地說：

「這些軍隊哪裡是為了我這個人，這些軍隊只是為了承續我先君的友好關係罷了。你們楚國和我們齊國共同友好，怎麼樣？」

屈完回答說：

「承蒙您向我國社稷之神求福，不毀滅我國；如果，您不嫌棄收容我國的話，我們的國君很願意和貴國友好。」

齊桓公得意地說道：

「用這些將士作戰，誰能夠抵擋！用這些將士攻城，哪一個城打不垮。」

屈完不卑不亢地說：

「您要是用德來安撫各國，哪一個國家敢不服從？你要是用武力來威嚇各國，我們楚國就不吃這一套，我們楚國就拿方城山（在今河南葉縣南）作為城牆，拿漢水作為我們的護城河，你們各國聯軍的將士雖多，只怕也沒有用的！」

於是屈完和各國諸侯結盟。

宮之奇諫借路給晉國

僖公五年（西元前六五五）

晉獻公又要向虞國（在今山西省平縣縣東北）借路，讓晉國的軍隊通過，以便征伐虢（ㄍㄨㄛˊ guó）國（在今河南省陝縣）。

宮之奇諫止虞君說道：

「虢國是虞國的屏障。虢國若是滅亡了，虞國也就會跟著滅亡。不能讓晉國嘗到甜頭，晉國一嘗到甜頭之後，它的野心就更大了。對於外在的敵人不可以放鬆警惕。借一次路已經過分了，哪能還有第二次的道理？『面頰和牙床是互相依靠的；沒有嘴唇，牙齒就要受凍的。』這句俗話，正好形容虞國和虢國的關係。」

虞君說：

「晉國跟我們同一宗族，豈會陷害我們？」

宮之奇回答說：

「太伯、虞仲都是太王的兒子。太伯不聽父命而讓位，前往吳地，因此沒有繼承王位。虢仲、虢叔是王季的兒子，和文王是兄弟，又做文王的卿士，掌管國政，對於王室有功勳，因功受封的典策藏在盟府（盟府，主管盟誓典策的政府機關）之中。如果說到同宗的關係，那麼虢氏在姬姓中的地位比虞氏要高，虢與晉之間的關係比虞更親。晉國準備消滅虢國，哪還會愛虞國呢？再說晉國對我們虞國的愛，會超過他們的同祖兄弟嗎？他們的同祖兄弟——桓莊之族——究竟有什麼罪？在十五年前把他們全殺了。還不是因為桓、莊之族對他們有點威脅？至親就因為對他們有點威脅，尚且都要陷害，何況是一個國家呢？」

虞君答道：

「我祭祀的時候，祭品豐富不說，而且齋戒徹底，鬼神一定會聽我的。」

宮之奇回答說：

「臣聽說：鬼神不因人而親，卻只接近有德的人。所以《周書》上說：『青天大老爺沒有私心，只幫助有德行的人。』又說：『祭祀的黍稷並不馨香，美好的德行才會馨香。』又說：『祭祀的東西相同，但只選擇有德者的祭品。』這樣說來，因為沒有德行，人民就不能和諧，鬼神也不去享用祭品。鬼神所依憑的，在於德行。若是晉國取得了虞國，而能

潔身修行，然後獻上馨香的祭品，難道鬼神會不接受嗎？」

虞君不聽宮之奇一片忠誠之言，答應了晉國使者的請求，讓晉國軍隊借道。

宮之奇率領了全族離開虞國，說：

「虞國不能舉行年終的臘祭了。這一次，晉國就能稱心如願了，不必再舉兵了。」

冬，十二月初一，晉國消滅了虢國，虢國國君逃亡到王城（今河南省洛陽縣西北）。

晉國軍隊班師回朝時，借住在虞國。於是發兵偷襲，滅了虞國。

秦、晉韓原之戰

僖公十五年（西元前六四五）

晉惠公由秦國護送回晉國即位的時候，秦穆夫人囑託他照顧晉獻公的妃子賈君。並且還囑咐他說：

「要把所有逃亡在外的晉國公子都接回晉國。」

結果，晉惠公卻淫亂了賈君，也不把逃亡在外的晉國的公子接回來；因為這樣，秦穆夫人就怨恨晉惠公。

同時，晉惠公曾答應給晉國執政的中大夫里克、丕鄭等人的賄賂，後來違背了諾言不說，還把里克、丕鄭等人殺了；也曾答應要把黃河環曲之南的五個城送給秦穆公，東可到達古虢國（在今河南省陝縣境內）邊界的盡頭，南可到達華山（在今陝西省華陰縣），北

可到達解（ㄒㄧㄝˋ xiè）梁城（在今山西省臨晉縣），後來也不給了。

當魯僖公十三（西元前六四七）年，晉國發生飢荒的時候，秦國輸送了糧食到晉國去救災。但第二年，魯僖公十四（西元前六四六）年，秦國發生飢荒，晉國卻不讓秦國來買糧食。由於這些緣故，秦穆公出師討伐晉國。

在秦國出師之前，秦國的卜官卜徒父占卜了一卦，是個吉祥卦。占辭有一句說：「過河，公侯的兵車會失敗。」秦穆公弄不懂這句話，而問這句話是什麼意思。

卜徒父回答說：「是個大吉大利的事。連把晉國軍隊打敗三次，就可以擄獲晉國國君。這一卦是占到了『山☶、風☴、蠱』的『蠱☶卦☴』，卦辭上說：『千輛兵車的大國三次向前進軍，向前進軍三次之後，就能擒獲那隻大雄狐』。狐、蠱，一定是他們的國君。『蠱』的內卦是風☴，外卦是山☶。我們秦國的象徵是風，對方晉國的象徵是山。現在是秋天了，秋天的風把山上樹木的果實都吹落了。而山上的木材也可以取用了，所以，我們能夠勝利。果實失落了，木材沒有了，不打勝仗，還等什麼呢？」

果然，秦國軍隊連續三次打敗了晉國的軍隊，到達了晉國的韓原（在今山西省河津縣與萬泉縣之間）。

晉惠公對慶鄭說：

「敵人已經深入我們晉國疆土，我們應該怎麼辦呢？」

慶鄭回答說：

「全是您把敵人引進來的，我們又能怎麼辦呢？」

晉惠公聽了很生氣說道：

「出言不遜！出言不遜！可惡！可惡！」

晉國占卜用誰來擔任車右，結果，若任用慶鄭是吉利的，但是晉惠公不肯用他，而任命大夫步揚駕馭兵車，家僕徒為車右，乘坐鄭國送來的馬所駕的車。

慶鄭立即說：

「在古時候，戰爭這樣大事，一定乘坐自己國家所出產的馬匹所駕的車，自己出產的馬匹生長在自己的水土上，而了解主人的心意，安於主人的訓練，熟習自己道路。不論怎樣駕馭，無不如意。現在乘坐外國所出產的馬匹來參與戰爭，這些馬匹因恐懼而改變常態，那就會不聽駕馭。馬一恐懼，牠就呼吸不規律，血液循環急促，外表看似強壯，實際卻已虛怯無力了，既不能前進，也不能後退，要調頭也辦不到。您一定會後悔乘坐外國馬所駕的車的。」晉惠公不理慶鄭的意見。

十一月，晉惠公迎戰秦國軍隊，派遣晉國大夫韓簡刺探秦國的軍情。韓簡回話說：

「秦國軍隊的人數比我們少，但他們能戰的鬥士有我們的一倍。」

晉惠公問道：

「是什麼道理？」

韓簡回答說：

「當您出亡在外的時候，依靠秦國的資助；而所以能夠回國作國君，也是受到秦國厚愛的結果；當我們發生飢荒的時候，秦國輸送糧食來救災；人家秦國三次有恩於我們，我們卻一直沒有報答，所以他們來找我們算帳。我們又派兵和他們對壘。我們這邊很懈怠，秦國那邊個個摩拳擦掌，同仇敵愾。我看一倍都不止了。」

晉惠公說：

「一個人都不能讓人輕辱，何況是一個國家呢？」於是，他派遣韓簡出去向秦國挑戰。

韓簡代表晉惠公對秦國說：

「我沒有才能。只能集合軍隊，卻不能解散他們，所以說一定得和你們秦國打一仗；如果，你們不撤退，我們只好跟你們一決勝負。」

秦穆公派遣公孫枝作代表去答話，說：

「您（晉惠公）還沒回國時，我（秦穆公）很替您擔心。當您（晉惠公）還沒穩定國君的寶座，我（秦穆公）很為您（晉惠公）憂慮。您（晉惠公）既然已經穩定了國君的寶座，我（秦穆公）怎麼敢不接受您（晉惠公）命我們作戰的命令呢？」

韓簡退下來說道：

「我若還能活著被俘擄，就算是幸運的。」

十一月十四日，秦國和晉國在韓地（在今山西省河津縣與萬泉縣之間）的原野上交戰。晉惠公的戰馬陷於泥濘之中打轉，而無法爬出來。

晉惠公呼喊慶鄭來救，慶鄭說：

「您剛愎自用，不聽諫言，又違背占卜的預示，實在是自找失敗，又能逃到哪裡去呢？」

於是走開了。

晉國大夫梁由靡為韓簡駕車，另一大夫虢射為車右，在戰場上一車人遇到了秦穆公，快要俘擄秦穆公。慶鄭由於自己沒去救晉惠公，所以招呼韓簡他們去救晉惠公。這一來反把擒獲秦穆公的機會耽誤，讓秦穆公跑掉了。結果，秦國俘擄了晉惠公，並帶回去了。

晉國的大夫們把頭髮披散向下垂著，露宿在野地，跟蹤著秦國軍隊。秦穆公好言安撫他們說：

「你們怎麼這麼憂傷呢！我跟隨你們晉國國君向西方走（這是一種外交辭令，實際上秦穆公把晉惠公擄回西方的秦國），也只是為應驗你們晉國在過去的妖夢——妖夢是指在魯僖公十（西元前六五〇）年，晉國大夫狐突遇到了太子申生的鬼魂，申生的鬼魂斥責晉

惠公不行君道，並預言必敗於韓——我怎麼敢對晉國君主太過分呢？」

晉國的大夫們拜了三次，叩頭了三次，說：

「您的頭上有天老爺，腳下有土地神；天老爺和土地神都聽到了您的這番話；我們群臣也冒昧地站在下風，這番話也聽得格外清楚。」

秦穆夫人聽說晉國君主快被帶進都城了，就領著太子罃（ㄧㄥ yīng）、弘和女兒簡璧一同登上高臺上面的木柴堆之上，表示要自焚而死；並派人穿著喪服去迎接秦穆公，讓他告訴秦穆公說：

「上天降下災禍，讓秦、晉兩國君主，不用正常的外交途徑交涉，而掀起了戰爭。假若晉國君主早晨進城，那麼，婢子我晚上就自殺。晚上進城，那麼我就在早晨自殺。希望您考慮考慮！」

於是，秦穆公把晉惠公安置在靈臺（在今陝西省鄠（ㄏㄨˋ hù）縣）。

秦國的大夫們請求把晉惠公帶進城，秦穆公說：

「我原以為擄獲晉國君主，帶回都城好好慶祝一番；如今要是把晉國君主帶回都城，結果卻會使國家出了喪事，那幹嘛要帶晉國君主進入都城？你們大夫又有什麼好處呢？況且晉國人用憂戚來加重我的心理負擔，用老天爺、土地神來約束我。如果，我不考慮晉國人所擔憂的事情，會加重他們對我的仇恨；如果，我說話不算話，就對天地背信。加重晉國人對我的仇恨，我承當不起。對天地背信是不吉祥的事情。所以，一定要把晉國君主送回他的國家。」

秦穆公的兒子公子縶（ㄓˊ zhí）說：

「不如把他給殺了，使他無法再聚眾作惡。」

秦國大夫公孫枝說：

「把晉國君主送回去，把他的太子送來秦國作人質，一定能有好的結果。我們既不能消滅晉國，而把他們的君主給殺了，只會造成相互間的仇恨，史佚有句名言：『不要啟禍端，不要乘人之危，不要加重仇恨。』加重仇恨，難以承當；欺凌別人是不吉祥的。」

於是秦國允許和晉國講和。

晉惠公派遣大夫郤乞回國告訴大夫呂飴甥，秦國允許與晉國講和這件事情，並且召呂飴甥來秦國談判。

呂飴甥教導郤乞說：

「你要召國人來朝廷集會，借用君主的命令賞賜他們，並代表君主告訴他們說：『我雖然回國，但給我們國家帶來太大的侮辱。該用卜筮來決定如何輔佐太子圉（ㄩˇ yǔ）即位。』」郤乞依照呂飴甥的話做了，眾人感動得落淚。晉國於是創立爰田制度。

呂飴甥對眾人說：

「我們的國君作戰被俘，在國內的我們都不能去解救他；反倒是他擔憂我們眾人。這種恩情，你們說有多大？我們該如何報答我們的君主？」

眾人說：

「怎樣才能報答我們君主對我們的恩情呢？」

呂飴甥回答說：

「徵收賦稅，整頓軍備，輔佐太子。諸侯聽說，我們的國君雖然作戰被俘，但國內又有新君主政，並且所有的臣子都和睦，軍備也加強了。我們的友邦會鼓勵我們，對我們不友好的國家會懼怕我們。這樣子差不多才會有點用處。」

眾人聽了都很高興。於是，晉國又建立州兵制度。

當初，晉獻公用筮草占卜，把大女兒嫁到秦國，到占了一個由「歸妹」變成「睽」的卦。卜官史蘇占卜說：

「這是一個不吉祥的卦。它的爻辭說：『士人割羊，也沒有血；女子拿著筐，也沒有收穫。』對於西鄰的指責，由於我們理虧，無法回答。『歸妹』是少女出嫁的意思，『睽』是乖離的意思。由『歸妹』變成『睽』，少女出嫁而有乖離的徵候，自然對母家沒有幫助。『雷☳、澤☱、歸妹䷵』；『火☲、澤☱、睽䷥』，由『歸妹』變成『睽』，就是『雷☳』變成了『火☲』，也是『火☲』變成了『雷☳』，不論『雷☳』和『火☲』都是外卦，是晉國的象徵。火氣太盛是女子嫁後，反害她母家的預兆，也就成嬴姓打敗姬姓的預兆。車脫落車軸，火焚燒旗幟，都是吃敗仗的象徵，不利於出兵打仗，會在宗丘（即韓原）吃敗仗。少女出嫁與母家極端乖離，敵人張弓要射向自己。姪兒跟隨姑姑，六年之後才能逃走；逃回自己祖國，而拋棄自己的家。第二年，他會死在高粱（在今山西省臨汾縣）境內。」

等到晉惠公被俘在秦國，他說：

「若是先聽從史蘇的占卜，我也不會落到今天這種地步吧！」

韓簡在旁侍候說道：

「龜甲是一種形象，筮草是一種數理。事物產生之後才有形象，有了形象之後才有演變，演變之後才有數理。先君所做的壞事太多，哪裡是『數』所能反映出來的；史蘇所占的這個卦，不從又有什麼關係，《詩經》上說：『人民的災害，不是從天上降下來；聚在一起亂講話，背地裡互相憎恨，主要的策動者還是人。』由此看來，事在人為，和占卜的吉凶沒什麼關係的。」

十一月，晉國呂飴甥拜會秦穆公，和秦國在王城（在今陝西省朝邑縣西南）訂立盟約。

秦穆公問道：

「晉國能內部和睦共處嗎？」

呂飴甥回答說：

「不能和睦共處。一般老百姓對於君主被俘感到羞恥，又傷悼他們在戰爭中死亡的親人，不怕徵收稅賦、整軍修武，而擁立太子圉為君主，並且說：『這種仇恨一定要報復，哪怕向戎狄低頭，去事奉戎狄，也要報這個仇。』貴族們愛護他們的君主，知道他的過失，不怕徵收稅賦、整頓軍備，以等待秦國的作戰命令；並且說：『一定要報答秦國的恩惠，就是死也不存其他想法。』因為這樣而不能和睦共處。」

秦穆公說：

「你們對於你們君主的命運有什麼看法呢？」

呂飴甥回答道：

「一般百姓相當憂心，認為他必免不了一死的命運；貴族們相當寬心，認為他一定能歸國。一般老百姓說：『我們對秦國恩將仇報，秦國哪肯送回我們的君主。』貴族們則說：『我們知道過錯了，秦國一定會送回我們的君主。』我們晉國當時起了二心，你們秦國立刻抓起來；等到這個二心的晉國臣服了，秦國就立刻鬆手放了，如果能這個樣子，秦國的仁德的深厚是無與倫比，秦國的刑罰的威力也莫可匹敵；這樣的戰爭，秦國可以稱霸天下。要是送晉國君主回國而不安定他的君位，廢掉舊君主而不立新君主，這樣會把原來是仁德之事變成怨懟之事。秦國不會這麼做吧！」

秦穆公說：

「我原來也是這麼想的。」於是把晉惠王搬到另外的館舍去住，同時贈送給他七頭羊、七頭牛、七頭豬。

晉國大夫蛾（ㄧˇ yǐ）析對慶鄭說：

「怎麼不離開出走呢？」

慶鄭說：

「我陷害我們國君失敗，國君既敗而我卻不能以身殉國。如果，我又出走，刑罰是加不到我身上，但卻又使國君的刑罰無所用，這不是一個人臣所應有的行為。一個作人臣的不行臣道，那麼，有什麼地方會收容我，我可以走到什麼地方呢？」十一月，晉惠公歸國；二十九日，殺了慶鄭，然後入都城。

這一年，晉國又鬧飢荒。秦穆公又饋送晉國糧食。並說道：

「我討厭他們的君主，卻憐憫他們的人民。並且，我聽說唐叔封在晉國的時候，箕子就說過：『他的後人一定有很大的發展。』哪裡可以對晉國動腦筋、打算盤的。目前還是對晉國樹立一些恩德，等待將來他們出現一些能幹的人吧！」

於是，秦國在黃河之東晉國的故地上，徵收賦稅，設置官府治理。

宋、楚泓之戰

僖公二十年（西元前六四〇）

宋襄公一心想召集諸侯參加會盟，作諸侯的盟主。魯國大夫臧孫辰聽到這件事情說：「一個人的慾望要聽從一個人的意志的支配，這才可以的；一個人的意志全無，完全服從一個人的慾望，這是不可的。一個人意志完全服從一個人的慾望，很少能夠辦成什麼事的。」

僖公二十一年（西元前六三九）

魯僖公二十一年，春天，宋國在鹿上（在今安徽省太和縣西）召開盟會，由於參加盟會的宋、齊、楚三國都由大夫出席，宋國要求各國諸侯舉行一次盟會，楚國假裝答應了。

公子目夷說：

「小國爭當盟主，是禍、不是福。只怕宋國要亡國了，拖不了多久了！」

秋天，宋襄公和楚成王、陳穆公、蔡莊侯、鄭文公、曹共公、許國國君在盂（在今河南省睢縣西北）會盟。

公子目夷說：

「難道災禍就會發生在這裡嗎？我們君主的欲望太大，人家怎麼能夠忍受得了呢？」

於是，楚國在會場扣住宋襄公，而攻打宋國。

冬天，楚國與宋國在薄（在今河南省商邱西北）會盟，在盟會中釋放了宋襄公。

公子目夷說：

「災禍還沒有完結，這點處罰還不能懲治我們君主。」

僖公二十二年（西元前六三八）

夏天，宋襄公率軍征伐鄭國。

公子目夷說：

「我所說的災禍就會發生在這裡。」

秋天，楚國為了解救鄭國之難，出兵攻打宋國。宋襄公準備與楚國作戰。

大司馬固諫襄公說：

「上天拋棄我們商人（宋人是商朝的後裔，所以自稱為商人）已經很久了。君王要復興商人的盛世，這種罪是不可赦免的，我們出兵上天是不會幫忙的。」宋襄公不理會大司馬固的勸戒。

冬天十一月初一，宋襄公率軍和楚軍在泓水（在今河南省柘城縣北）對陣。宋國軍隊已經部署了陣式，楚軍渡泓水正渡一半。

公子目夷說：

「他們兵多，我們兵少，在他們還沒完全過河，讓我們下令攻擊。」

宋襄公說：

「不可以。」

等楚軍全部過河，還沒擺好陣式，公子目夷又請宋襄公下出擊命令。

宋襄公說：

「還不可以。」

等到楚軍擺好陣式，宋襄公才下令出擊，結果，宋國軍隊潰不成軍。楚軍一直追殺到宋國的都城。宋襄公本人的大腿骨受了傷，所有守城的官全被殺了。

宋國國人全都怪罪宋襄公。

宋襄公說：

「一個君子在戰場上不去殺傷已經受傷的敵人，不去擄獲頭上已長白髮的年老的人。古時候作戰不依靠關塞險阻去求勝。寡人雖然是亡國人的後裔（宋人是商人的後裔，所以自稱為亡國的後裔），但要堂堂正正得勝，還是不進攻沒有布好陣式的敵人。」

公子目夷說：

「君王不知道該怎麼打仗。強勁敵人在狹隘的地方擺不出戰陣，正是上天幫我們的忙。強大敵人的前進受到阻礙，我們下令攻擊，有什麼不可以的？即使這樣，我們還怕打不勝的。況且，今天的敵人個個強壯勇武。雖然是遇到一個老頭子，能夠俘擄的就俘擄，哪裡還用得著顧慮那些長點白髮的中年人？我們訓練人民作戰，要人民明白廉恥，作戰不可投降，只求勇敢殺敵；我不殺敵，敵必殺我，敵人受傷還沒有死，怎麼可以不再去殺傷已經受傷的敵人呢？假如愛護受傷的敵人，不如根本不去殺傷敵人，假如愛護有點白髮的敵人，不如投降稱臣算了。三軍作戰，於我們有利，就得行動；鑼聲、鼓聲是為提高我們軍隊士氣的。於我們有利就得行動，管敵人是不是遇到險阻。鼓聲愈響愈能提高鬥志，就是敵人陣式還沒擺好，也可以鼓聲大作下令攻擊。」

僖公二十三年（西元前六三七）

魯僖公二十三年春天，齊孝公攻打宋國，包圍了緡（ㄇㄧㄣˊ mín，在今山東省金鄉縣東北），齊國因為宋國沒有參加四年前在齊國的盟會，而來攻打宋國的。夏天，五月二十五日，宋襄公病逝，他在泓水之戰所受的傷，是他致死的原因。

晉國公子重耳的逃亡經歷

僖公二十三年（西元前六三七）

晉國公子重耳遭遇驪姬讒害晉國太子申生那場禍亂的時候，他逃亡蒲城（在今山西省隰〔ㄒㄧˊ xí〕縣），晉獻公出兵伐蒲城。蒲城人願意和晉獻公的軍隊作戰，公子重耳不許可，並說：

「靠著君父的命令，享受優越的俸祿，然後才得到自己手下人的擁戴；得人擁戴就跟自己君父對抗，沒有比這樣做有更大的罪惡。我還是逃走算了。」於是逃到狄人（中國古代北方的種族名）那裡去避難。有狐偃、趙衰、顛頡、魏犨（ㄔㄡ chōu）、司空季子等人跟從在一起。正碰上狄人攻伐廧咎（ㄑㄧㄤˊ ㄍㄠ qiáng gāo）如（春秋時散處在河北省和山西省境內，廧咎如是赤狄所建立的一個小國），擄獲了他們名叫叔隗（ㄨㄟˇ wěi）、季隗二位女子。把季隗

嫁給公子重耳。後來，她生伯儵（ㄔㄡˊ chóu）、叔劉。把叔隗嫁給趙衰，後來她生了趙盾。

公子重耳這一幫人要到齊國去，於是重耳對季隗說：

「等我二十五年，如果我還不回來，你就另嫁別人吧！」

季隗回答說：

「我現在已經二十五歲了，又等二十五年這麼長的時間再嫁，我怕我已經到棺材裡去了。讓我等你就是了。」重耳這一幫人前後在狄人的地方住了十二年。

他們路過衛國的時候，衛文公不禮遇他們。走到五鹿（在今河北省濮陽縣境內），他們向鄉下人討飯吃，鄉下人給他們一塊泥土。

公子重耳非常生氣，要拿鞭子抽打鄉下人，狐偃勸止他說：

「這是老天爺賜給我們的寶貝，土塊是土地的象徵，得著土塊是能建國的預兆。」於是，公子重耳叩頭接受那土塊，而把土塊一起載走。

他們到達齊國，齊桓公把女兒嫁給他，又送二十乘車所需的八十匹馬。公子重耳安於這種舒適的生活，狐偃等人認為不可以這樣銷磨志氣，準備離開齊國；在桑樹下計劃，碰巧有一個採桑養蠶的女奴在樹上聽到了他們的計劃，她把所聽到的告訴重耳夫人姜氏。

姜氏把女奴殺了，因為怕她洩露祕密，而對重耳說：

「你有行走天下四方的志願，那個偷聽到你們計劃的人，我已經殺掉她了。」

重耳說：

「我可沒什麼行走天下四方的大志向。」

姜氏說：

「你得離開齊國。眷戀享受，安於現狀，實在容易敗壞一個人的名節。」

重耳不答應。於是，姜氏和狐偃共同計劃把重耳用酒灌醉，抬到車上，帶他離開齊國。等重耳酒醒，發現自己在離開齊國的路途上，一時氣極敗壞，拿起一把戈去追殺狐偃。

他們到達曹國，曹共公聽說重耳腋下的肋骨連在一起，想在他光身子時，看個究竟，他的肋骨是不是連在一起。當重耳洗澡時，曹共公稍稍走近他，偷看他的肋骨。

曹國大夫僖負羈的妻子說：

「根據我的觀察，晉公子的那些隨從，個個都足以為一國的輔佐大臣；如果晉公子用那些人輔佐的話，那個晉公子一定能夠回去；他回國主政之後，一定能夠在諸國之間吃得開，而成為霸主；在諸侯之間吃得開，成為諸侯霸主而對他無禮，曹國得數第一。你為什麼不早一點和晉國拉攏拉攏，攀點交情。」

於是晚上送了一盤晚餐，盤裡頭藏了一塊玉。重耳接受了那盤晚飯，還回了那塊玉。

他們到達宋國，宋襄公送給他八十四馬。

他們到達鄭國，鄭文公也不以禮來招待，鄭國大夫叔詹諫鄭文公說：

「臣聽說，上天所贊助的事情是人力辦不到的。晉國公子有三樣事是上天贊助的，上天或許要樹立他為晉國的國君吧！你應該禮遇他。男女同姓結婚，他們的子女應該不旺盛。晉公子的父母都為姬姓，他是同姓所生，而他一直生氣勃勃活到現在，這是第一件。他遭遇出亡在外的災患，而上天卻一直不讓晉國安寧，大概是在為他開創有利的條件，這是第二件。有三個賢士的才能足以超過其他賢士的，卻追隨他到處流浪，這是第三件。晉國和鄭國屬同等地位的國家，他們路過鄭國，本來鄭國的子弟應當禮待他們；更何況公子重耳是上天所贊助的人呢？」鄭文公不理會叔詹的諫言。

他們到達楚國之後，楚成王以酒宴款待。

楚成王說：

「公子如回到晉國，要怎麼報答不穀（不穀是中國古代王侯自謙之詞，字面上是不善的意思，也就是乏善可陳、沒什麼優點的意思）呢？」

重耳回答道：

「美女、錢財，您已經有了；至於鳥羽、獸毛、象牙、犀皮，也是你們楚國的土地所生產的。那些能夠普及到晉國的，也全是你們楚國剩下的東西；因此，剩餘的東西怎麼能夠報答您呢？」

楚成王不放鬆地說：

「話雖如此，你到底如何報答我呢？」

重耳正襟危坐地回答說：

「若託您的福，我能夠回到晉國，晉、楚二國整軍經武，兩國軍隊在中原相遇，我為了報答您的恩德，我們晉國軍隊就會退避三舍。在我們退避三舍之後，如果你們楚國仍沒有退兵的命令，那麼，我們就會左手提著弓，右手摸著箭袋，準備和你們楚國周旋一下。」

楚國執政子玉請求楚成王殺了重耳，楚成王說：

「晉公子志向很大而律己很嚴，善於說辭而禮數周到。那些追隨他的人態度嚴肅而待人寬大，忠心耿耿而才能超人。現在的晉國的國君沒人擁戴，國內、國外的人都很討厭他。我聽說姬姓諸國之中，唐叔的後人是較後衰落的。這大概是因為晉公子重耳的關係吧！上天要興旺的，誰能夠去廢掉呢？違背天意必定有大的災禍。」於是，把他們送到秦國去。

秦穆公送給重耳五個女子作妾媵，其中一個是穆公的女兒，曾經嫁給晉懷公的懷嬴。一天，懷嬴捧著匜（ㄧˊ yí，是一種盛水器）倒水給重耳洗手，然後重耳用濕手揮懷嬴。懷嬴很生氣地說：

「秦國和晉國是對等的國家，你憑什麼看輕我！」

重耳害怕了，把上衣脫去，自囚以謝罪。

有一天，秦穆公設酒宴款待重耳，狐偃說：

「我的談吐不如趙衰有文采，請你讓趙衰跟你一起去赴宴。」

重耳朗誦了〈河水〉一詩，取河水朝宗大海的意思，表示對秦國的尊敬；秦穆公朗誦了〈六月〉一詩，預祝重耳事業成功，並勉勵他輔佐周天子；趙衰趕緊說道：

「重耳！拜謝秦國賞賜的美言！」

於是，重耳拱手一拜，並行稽首大禮；秦穆公起身，走下一級臺階，表示不敢接受稽首大禮。

趙衰說：

「您把輔佐天子的詩篇來囑咐重耳，重耳怎敢不拜謝呢？」

僖公二十四年（西元前六三六）

魯僖公二十四年春天正月，秦穆公護駕重耳回國。到達黃河邊，狐偃把一塊璧（璧是一種玉器）交給重耳說：

「臣的手搭著肩牽著韁繩，追隨著您，視察往來，走遍天下，臣所犯的過失太多了！這些過失，臣都知道，而何況您呢？請您允許我從此離開您吧！」

重耳發誓說：

「回國之後，我保證和舅舅一條心；如果，你不相信，有白水為證！」說完，把那塊璧投入黃河。

他們過了黃河，包圍令狐（在今山西省猗氏縣西），進入桑泉（在今山西省解縣西），取下臼衰（在今山西省解縣西北）。

二月初四，晉懷公的軍隊駐紮在廬柳（在山西省猗氏縣西北）。秦穆公派秦公子縶到晉懷公的軍隊去；晉懷公的軍隊撤退，駐紮在郇（ㄒㄩㄣˊ xún，山西省解縣西北）。十一日，狐偃和秦國、晉國的大夫在郇訂立盟約。十二日，重耳進入晉軍。十六日，重耳進入曲沃（在今山西省聞喜縣）。十七日，重耳入絳（ㄐㄧㄤˋ jiàng，在今山西省汾城縣南），重耳到他祖父晉武公的祖廟，朝見群臣，登基就位成為晉國的新君——後來被諡為晉文公——十八日，晉文公派人把晉懷公殺害於高粱（在今山西省臨汾縣東北）。

晉懷公的舊臣呂飴甥、郤芮（ㄒㄧˋ ㄖㄨㄟˋ xì rèi）畏懼晉文公的逼迫，圖謀放火燒了晉文公的宮殿，而殺掉晉文公。不久，寺人披求見，晉文公派人推辭不見，並且責備他說：

「蒲城那一場戰爭，獻公命令你一天以後到達，你當天就到了。後來我（晉文公）跟隨狄人國君在渭水河邊上打獵，你替惠公來追殺我（晉文公），惠公讓你三天到達，你第二天就到了。雖然你有國君的命令，但是你為什麼來得那麼快？我被你割掉的衣袖還保留

著（在蒲城那一戰役，晉文公雖然逃走了，但衣袖卻被寺人披割掉了），我看你還是趕快走吧！」

寺人披答道：

「臣以為您既回國為君，一定懂得為君的道理！如果，仍然不懂得為君的道理，大概還會遭遇災難。執行國君的命令必須一心一意地去貫徹，這是自古以來的制度。奉行君主命令而去除惡，得看有多大力量就得盡多大力量。當獻公、惠公的時候，我只把您看作和國君對立的蒲人、狄人而已，殺個蒲人或狄人，跟我有什麼關係呢？如今您已成為晉國的國君，難道就沒有與您對立的人嗎？齊桓公能置射鉤之事不問，而起用管仲當國執政；您要是沒有像齊桓公一樣的寬宏大量，而把斬袖之怨惦記在心，那我又何必讓您下命令驅逐我呢？如果您的氣量狹小，那麼懼罪出奔的人很多，豈止我這一個刑餘之人而已！」

於是，晉文公召見了他，他就把呂飴甥等人的圖謀告訴文公。三月，晉文公微服潛出晉國，在王城和秦穆公相見。二十九日，文公的宮殿失火。呂飴甥、郤芮沒有抓著晉文公，就跑到黃河邊上；秦穆公把他們誘殺了。

晉文公迎接夫人嬴氏歸國，秦穆公派遣三千衛士護送晉文公。這三千人實際上是有辦事能力的三千幹才。

原先，晉文公的小臣名叫頭須的，看守庫藏，等到晉文公出亡在外，頭須就把庫藏的

財貨偷走，全部花費在接納晉文公回國的事情上。等晉文公回國，頭須求見；晉文公以洗頭為藉口不見頭須。於是，頭須對文公僕人說：

「洗頭時，低下頭來，結果頭低心高，而心的位置反而在上，心既反覆，想法也就反不對頭了，這樣看來，不見我倒是對的。留在國中的人是為他看守社稷，隨從出亡的人是為他奔走服役，這兩種人大概都是對的。為什麼一定認為留在國內就有罪呢？國君要是連普通人民都仇視的話，那麼，心懷恐懼的人就太多了。」

僕人把這番話告訴了文公，文公立刻出見頭須。

狄人把季隗送回晉國，同時請示晉文公怎樣處理伯鯈、叔劉二個兒子。晉文公的女兒嫁給趙衰，生了原同、屏括、摟嬰三人。這時趙姬請求趙衰迎回趙盾和他的母親叔隗，趙衰一再推辭。趙姬說：

「得到了新人，就忘掉了舊人，這樣子怎麼可以用人呢？」再三請求，趙衰才答應了。

叔隗和趙盾回到晉國，趙姬認為趙盾有才能，再三向晉文公請求，讓趙盾作嫡子，而她自己三個兒子的地位在趙盾之下。同時趙姬又讓叔隗作嫡妻，而自己屈居於叔隗之下。

晉文公賞賜和他一起出亡在外的人，介之推不曾提及官祿的事；所以，官祿也沒輪到介之推的身上。

介之推說道：

「獻公有九個兒子，現在只有君王還在。惠公、懷公無人推戴，國外、國內都遭人遺棄。上天還沒有絕滅晉國，晉國一定會有君主。主持晉國祭祀的人，不是君王而會是誰呢？實在是上天安置了晉君之事，而那些人認為是自己的功勞，這也不有自欺欺人的嫌疑嗎？偷竊人家的錢財的，還都稱他作小偷；何況貪圖上天的功勞而作為自己的功勞的人呢？在下位的人居然把貪天之功認為是應該的，而在上的人也居然賞賜這些貪天之功的惡人。上下互相蒙騙，難和他們相處了。」

介之推的母親說：

「你為什麼不去求些賞賜？如果就這樣死了，又能怨恨誰呢？」

介之推答說：

「既譴責了那些人，而又去效法他們要求封賞，那就罪加一等！我既發牢騷了，就不再吃官家的俸祿。」

他母親說：

「這件事讓他們知道，怎麼樣？」

介之推回答說：

「一個人的言辭，是一個人身上的裝飾；身子都要隱藏起來，那還用得著裝飾嗎？照

你所說去做，是求顯達，不是求隱居。」

他母親說：

「你真能辦得到嗎？我跟你一起去隱居。」於是，他們隱居至死。

晉文公尋不著介之推，就用綿上（在今山西省介休縣南）作為他的封地，並說：

「一方面標誌我的過失，一方面表揚善人。」

晉、楚城濮之戰

僖公二十七年（西元前六三三）

楚成王準備攻打宋國，派鬥穀於菟在睽（在今湖北省江陵縣內）地練兵。鬥穀於菟為了使子玉有所表現，故意敷衍了事，一個上午就訓練完畢，同時一個也沒懲罰。又使子玉在蔿（ㄨㄟˇ wěi，在睽附近）地練兵，從早到晚，訓練了整整一天，有七個人被鞭打、三個人被箭貫穿耳朵。

楚國那些退休的老臣全來恭賀鬥穀於菟，說他特具慧眼，推薦得人，鬥穀於菟請他們飲酒。蔿賈當時年紀輕，後到，並不祝賀。鬥穀於菟問他為什麼不祝賀呢？蔿賈對他說：「我不知道要祝賀什麼。你推薦子玉接替令尹，說：『這是為了安定國家。』如果，安定了內部而對外全歸失敗，那麼得到的是什麼？這是不是得不償失！如果子玉對外處

理失敗，這可是你薦舉的；推薦的人為國家帶來失敗的災難，那有什麼好祝賀的？子玉這個人剛暴而不講禮法，不可用來治理人民。他統率超過二萬二千五百人，三百輛兵車的軍隊，大概不能全師勝利回國。如果他能率領軍隊全師安全回國，再來祝賀，也不算晚吧？」

冬天，楚成王與陳、蔡、鄭、許等國軍隊，包圍宋國。宋國公叔固到晉國報告宋國的危機。

晉國大夫先軫說：

「報答宋國贈馬之恩，解除宋國被圍之患，建立在諸侯的威信，穩固晉國的霸業，就在此舉了！」

狐偃說：

「楚國剛剛取得和曹國的聯繫，又和衛國新近訂立婚姻的盟約。如果討伐曹、衛，楚國一定分兵援救，楚國如分兵援救曹、衛，那麼，齊國、宋國就解除了威脅。」

於是晉國在被廬（在今山西省新絳縣東南）作大規模軍事演習。然後，建立三軍（三個大軍團），考慮元帥人選，趙衰說：

「大夫郤縠（ㄏㄨˊ hú）能夠勝任三軍元帥的職務，臣常常聽到他的言論。從他的言論，知道他喜好《禮》、《樂》，而尊崇《詩》、《書》。《詩》、《書》是義理的寶庫，《禮》、

《樂》是道德的尺度。道德和義理是利益的根本與基礎。《夏書》上有句這樣的話：『起用一個人才，應該聽取他的意見；把一件具體的任務交給他去試辦，使他受到明白的考驗；如果他有了功績，就用車馬服飾賞賜給他作為酬勞。』君王試用他看看。」

於是，晉文公任命郤穀為中軍將率領中軍，郤溱為中軍佐去輔助他；命令狐偃為上軍將，率領上軍，但狐偃讓給狐毛作上軍將，自己屈居上軍佐的職務，而去輔助狐毛；任命趙衰為卿率領下軍，但他讓給欒枝、先軫；後命欒枝為下軍將，率領下軍，而以先軫為下軍佐，去輔助欒枝。荀林父為晉文公駕車，魏犨作戎右。

晉文公一回國，就教導晉人熟習兵事。經過二年，晉文公想用他們打戰。

狐偃說：

「我們晉國戰亂多年，一般人民還不能明辨是非，不能安居，往往輕易離鄉背井。」

於是對外穩定了周襄王的王位，對內盡量為人民謀福利。有了這二樣政績，人民漸漸眷戀產業，安土重遷，安於生計，晉文公又想使用他們打戰，狐偃說：

「人民對君王還不十分信任，不了解一切措施的用意。」

於是，晉文公用討伐原（在今河南省濟源縣西北）來取信於人民。後來，人民做生意，看輕錢財，不多求利潤，明白徵信原有的契約。

晉文公說：

「這樣可以使用人民作戰了吧！」

狐偃答道：

「人民還不懂得貴賤尊卑的禮節，沒有生出恭敬之心。」

於是有大規模的檢閱演習來示範貴賤尊卑的禮節，開始設置秩祿的官，管理爵祿秩位，對國家的官吏加以調整和安排。人民聽到命令而不感迷惑，然後才起用他們作戰。使楚國撤退戍守穀（在今山東東阿縣）的兵，解除宋國被圍的危機，一次戰爭就贏得霸主——全是晉文公教化人民的結果。

僖公二十八年（西元前六三二）

魯僖公二十八年春天，晉文公將討伐曹國，要向衛國借路讓軍隊通過，衛國不允許；於是，繞路從衛國南部渡黃河，侵略曹國，回頭又討伐衛國。正月十一日，晉軍占領衛國五鹿（在今河北省濮陽縣）。

二月，晉國中軍將郤縠去世，先軫升任中軍將，司空季子接替先軫下軍佐的職務。這是用品德來選用人才。

晉文公、齊昭公在斂盂（在今河北省濮陽縣南）訂立盟約；衛成公請求加盟，晉國不答應。衛成公轉向，想和楚國結盟，但衛國人民不願意；於是衛國人民趕跑了成公，去討

好晉國。衛成公逃到襄牛（今山東省濮縣東南）。

魯國原與楚國同盟，魯僖公派公子買去助楚戍守衛國，後來楚國派兵救衛，不能成功；就引起魯僖公對晉國的恐懼，於是把公子買殺了去討好晉國，而說魯國派兵戍守衛國全是公子買的主意；但對楚國卻說：

「公子買不能完成戍守衛國的任務，所以把他處死。」

晉文公出兵包圍曹國，攻打城門的時候，死傷慘重。曹國人把晉軍屍體陳列在城牆上。晉文公對這件事感到憂慮，於是聽從眾人的計謀說：

「我們要挖掘曹國人的祖墳，並要在那裡安營紮寨。」然後，軍隊就遷離了。

曹國人感到恐懼與不安；他們就把所得到晉軍的屍體，裝進了棺材，運出城外，希望晉軍不要挖他們的祖墳。晉軍就乘著曹國人恐懼不安而加緊攻城。三月初十，打進曹國都城。於是，責問曹共公的罪狀：頭一件，他為什麼不聽僖負羈的話；第二件，曹國是個小國，卻有乘坐軒車的高官三百多人。並要所有的大夫把功狀全交上來，而且命令不准有人到僖負羈的住所去打擾，還赦免僖負羈同族的人。看看這班曹國大夫究竟有何德何功，而獲得高官厚祿，這是為了報答僖負羈的盤餐的施與。

由於魏犨只做到兵車的右衛，顛頡更是芝麻綠豆大的小官，所以他倆憤憤不平地說：

「君王對我們跟從他逃亡的功勞都不圖報答，卻去報答僖負羈的那個撈什子？」

他們氣憤不過，就放火去燒僖負羈的住宅。結果，魏犨燒傷了自己的胸部。晉文公想殺掉他，而愛惜他的才幹，就差人去看這件事，並且看看他傷得怎麼樣；如果傷得重，等回來報告之後，把他殺了。

魏犨束縛了胸部的傷口會見了使者說：

「託君王的福，你看我不是很安好嗎？」

接著向前跳了三百次，向高跳了三百次，表示受傷不重，身體狀況良好。晉文公就饒了魏犨，單殺了顛頡傳示軍中。任命丹之僑替代魏犨，擔任兵車的右衛。

宋國派遣大夫門尹般到晉國告急求救。晉文公說：

「宋國派人來告急求救，如果我們袖手旁觀，不予理睬，宋國就會跟我們斷絕邦交；但我們請求楚國退兵，楚國一定不答應。我想和楚國一戰，解救宋國之危，但齊、秦二國也不一定肯幫忙。我該怎麼辦呢？」

先軫說：

「設法讓宋國不向我們晉國求救，而去賄賂齊國與秦國，藉著賄賂而讓齊、秦二國要求楚國撤兵。我們抓著曹國國君，然後瓜分曹、衛二國的土地賜給宋國。楚國愛護曹、衛二國，必不許瓜分他們。齊、秦二國喜歡宋國的賄賂，而忿恨楚國的頑抗，能不對楚國開戰嗎？」

晉文公聽了很高興。抓住曹國君主，瓜分曹、衛二國的土地，送給宋國。

楚成王進駐申（在今河南省南陽縣附近），命令申叔帶兵撤離穀（在今湖北省穀城縣西北），命令子玉帶兵撤離宋國，並說：

「不要追蹤晉國軍隊。晉君在外流亡十九年，而後得到晉國。在這十九年當中，他遍嘗各種艱難困苦；他盡知人民的真實虛假。上天也讓他享高壽，而一掃晉國的各種禍害。他是上天所樹立的，難道可以廢除嗎？《軍志》上說：『適可而止，不要過分。』又說：『知道難於取勝，便需撤退。』又說：『不可和有德的人敵對。』這三句話，就像是說晉國似的。」

子玉差使鬥椒向楚成王請求允許他率領楚國軍隊出戰，說：

「我不敢說我一定能打勝仗，但是我要杜塞那些說我壞話人的口！」

楚成王對子玉跟他唱反調很生氣，故意少派軍隊給他。實際上只有西廣（註：廣是楚國軍隊中一個編制的名稱，每廣有十五輛兵車）十五輛兵車，原屬太子的東宮之軍和子玉的同族親兵六百人，受子玉的統率。

子玉派遣大夫宛春告訴晉國軍隊說：

「請你們讓衛國的國君重回衛國，和曹國的國君重新親政；我們也解除對宋國的包圍。」

狐偃聽了氣憤地對晉文公說：

「子玉真是目中無人，膽大無禮，君王只得一項好處，他做人臣的卻有二項收穫！應該向楚國進攻，不可失去這個好機會。」

先軫勸狐偃說：

「你該答應他，安定別人的國家就是禮。人家楚國一句話安定了三個國家；我們一句話就破壞了三個國家的安定；那麼，我們變得無禮，我們無禮，要用什麼去對楚國作戰？不答應楚國的建議，那就是拋棄宋國；要救宋，反而棄宋，怎麼對諸侯各國交代！楚國這麼一作，就對三國有恩；我們這麼一作，就與三國結怨，怨仇增加，將如何與楚國作戰？不如暗地裡允許恢復曹、衛二國國君的地位，讓他們重新主政，離間他們二國與楚國的同盟關係，扣住楚國使者宛春不放，以激怒楚國。等到決戰以後，再去考慮讓不讓曹、衛二國的國君復位問題。」

晉文公對這個主意很滿意，於是把宛春扣押在衛國；暗中允許曹、衛二國的國君復位；曹、衛二國就與楚國斷絕往來。

子玉果然大怒，楚軍就盯著晉軍準備開戰；晉軍卻向後撤退。晉軍中的一個小吏說：

「以一個君主統率的軍隊去躲避一個臣子統率的軍隊，這是一種恥辱。況且楚國軍隊連年在外，已經疲弊不堪，鬥志全無。我為什麼撤退躲避他們？」

狐偃回答說：

「正義之師，理直氣壯，作起戰來精力充沛；師出無名，理虧氣短，作起戰來毫無鬥志。軍隊能不能作戰，並不在於軍隊在外的時間長短！如果，當初我們國君沒受楚國施與的恩惠，是沒有今天的；向後撤退三舍躲避楚軍，是為報恩。如果我們不退避三舍，就對楚背信食言，那就會增加他們同仇敵愾，而造成我們理虧，造成他們理直的形勢。楚國的軍隊一向補給充足，軍需不缺，個個精神飽滿，不能說他們疲弊不堪。如果我們撤退，楚國也班師回國，那我們還要求什麼？如果我們後撤而他們不回國，那就是我們國君退避，而他們臣子犯上，這就他們理虧了。」

於是晉軍退避三舍。楚國軍隊想要停止追蹤，但子玉不許。

夏天，四月初三，晉文公、宋成公、齊大夫國歸父、崔夭、秦穆公的小兒子慭（ㄧㄣˋ yìn）的軍隊駐紮在城濮（在今山東省濮縣東南）。楚國軍隊駐紮在一個背負險要的酅（ㄒㄧˋ xì，在今山東省濮縣），晉文公非常憂慮。突然，他聽到眾人歌唱：

又高又平的原野上唷！
莊稼肥美又繁茂。
快把舊根刨除掉，
準備插上新秧苗。

晉文公聽過眾人唱這個之後，猶豫不決。

狐偃催促晉文公說：

「戰吧！戰吧！如果戰勝了！必得諸侯各國的擁戴；即使戰不勝，我們晉國表裡山河，形勢險要，一定也沒什麼害處！」

晉文公問說：

「但楚國對我的恩情該怎麼交代呢？」

欒枝說：

「漢水北岸的姬姓國家，一個一個都叫楚國併吞了；您只記得楚國對我們的小恩小惠，而忘卻了姬姓的奇恥大辱。不如跟他們一戰吧！」

有一晚，晉文公作夢和楚成王打架，楚成王壓在自己的身上，他並且用口來咬自己的腦袋。晉文公認為這是戰敗的徵兆，感到害怕。

狐偃對他說：

「這是吉兆。躺在地上，看得見天，表示我們得上天之助。楚君壓在您身上，面地背天，是『伏罪』徵候。我們要採用以柔克剛的戰術。」

子玉派遣鬥勃為代表去向晉軍挑戰，說：

「我想請和您的軍隊比畫比畫，也請您靠著車軾來觀看，我得臣（即子玉的名字）也陪您觀看。」

晉文公派欒枝為代表回了鬥勃的話，說道：

「寡人聽到你們挑戰的命令。楚君對寡人（晉文公自己謙稱）的恩惠，寡人一直不敢忘記，所以停留在這裡，不敢前進。晉軍對於子玉都退避三舍，不敢抵擋，更哪敢阻擋楚君呢！既然得不到你們撤兵的命令，在此麻煩貴國大夫，告訴其他將領：準備你們的兵軍，好好為你們國君做事。明天清晨，大家在戰場見面。」

晉國兵軍七百乘，共計五萬二千五百人，戰鬥人馬裝備齊全。晉文公登上有莘（在今山東省曹縣北）的廢墟檢閱晉國軍隊，然後說道：

「年輕的在前，年長的在後，遵守軍紀，懂得禮讓，能夠去作戰。」

於是砍伐許多樹木，添增打仗用的兵器。

初四，晉軍在城濮北邊布下陣勢，司空季子以下軍佐的軍隊抵擋陳、蔡二國的軍隊，子玉把同族六百人作為親兵當作中軍，說：

「今天一定要消滅晉軍了！」

鬥宜申統率左軍，鬥勃統率右軍。司空季子把馬身用虎皮蓋上，先攻打陳、蔡二國的軍隊，陳、蔡二國軍隊敗逃；然後又把鬥勃統率的右軍打潰。在古代行軍，中軍是主帥，只有中軍才能豎立二面大旗，狐毛所率領的是上軍，他卻故意設二面大旗而向後撤退，使子玉的楚軍誤認晉軍敗走，以引誘楚軍孤軍深入。欒枝也命令下軍的士卒，拖著木材而假裝敗逃，鬥宜申率領的楚左軍就追逐欒枝統率的下軍。在這時候，先軫和郤溱率領中軍和親兵從側面橫擊，狐毛、狐偃再以上軍夾擊，於是楚左軍潰敗。

結果，楚國軍隊大崩潰。子玉收住他的中軍停留不戰，所以沒有戰敗。晉軍休息三日，吃楚軍的糧食，到了初八班師回國。

二十九日，晉軍行至衡雍（在今河南省原武縣西北）。周襄王聽說晉軍獲勝，親往慰勞，晉文公在踐土（在今河南省廣武縣東北）為周襄王建造一所行宮。

在這一戰役的三個月以前，鄭文公把鄭國軍隊給楚國送去，準備和晉國作戰。這次因為楚軍戰敗，鄭文公害怕晉國報復，派遣子人九到晉國求和。晉國派遣欒枝入鄭，與鄭文公結盟。五月十一日，晉文公和鄭文公會於衡雍，簽訂盟約。

十二月，晉文公把陳國、蔡國和楚國俘虜獻給周襄王，有帶甲的馬四百匹、步兵一千人。鄭文公給周襄王擔任司儀的職務，他採用過去周平王接待晉文侯的儀式來接待晉文公。十四日，周襄王以醴酒款待晉文公，又勸晉文公多喝些酒。

周襄王任命卿士尹氏、王子虎、內史叔興父以策書任命晉文公為諸侯之長；又賜給晉文公祭祀時乘金色大車時的服裝、乘兵車時的服裝、一個紅色的弓，一百枝紅色的箭，一

個黑色的弓，一千枝黑色的箭，黑黍釀成的香酒一卣（ㄧㄡˇ yǒu，古時盛酒的器皿），虎賁之士三百人，並宣布說：

「王說叔父（周襄王對晉文公的稱呼）是個能恭敬地服從周王命令的人，安定四方天下，為周王糾舉不法，清除壞人。」

晉文公再三辭讓，最後遵從王命，說道：

「重耳冒昧再拜稽首，接受天子偉大、光明、美好的命令，並發揚天子偉大、光明、美好的命令。」晉文公接受策命後離去。然後，晉文公連續朝見天子三次。

衛成公聽說楚軍戰敗，心生恐懼，離開衛國逃往楚國，於是，到達陳國。他同時派遣大夫元咺陪同武叔到踐土參加諸侯盟會。五月二十八日王子虎和魯、晉、齊、宋、蔡、鄭、衛各國諸侯在踐土王庭訂盟約。盟約上說：

「大家全都扶助王室，不可互相侵害。如有違反盟約，神靈則予嚴懲，使其喪師敗軍，且國命不長。即使傳到你們的玄孫，無論老幼，如有違背此盟，也會遭受神靈的嚴罰。」

君子稱這個盟約合於信義，晉國這一戰役，能依道德打仗。

原先，楚國子玉自己用紅玉連綴在馬冠之上，用紅玉裝飾在馬鞅上，還一直沒用過。戰爭之前，子玉夢見河神對自己說：

「把玉裝飾的馬冠、馬鞅給我，我就把孟諸澤（在今河南省商邱縣）邊的土地送給你。」

子玉捨不得把自己做的紅玉馬冠、紅玉馬鞅送給河神。鬥宜申和子玉的兒子孫伯差使榮黃去諫說，子玉不理。

榮黃說：

「只要對國家有好處，就是犧牲生命，也在所不惜！何況只是塊紅玉呢？這紅玉實在是糞是土，毫不值錢，可以使軍隊過河，那有什麼值得去寶貴的呢？」

子玉不聽。榮黃出來告訴孫伯、鬥宜申二人說：

「不是神靈打敗令尹，令尹他不盡心民事，實在是自己打敗自己。」

等到子玉戰敗，楚成王的使者對他們說：

「大夫（指子玉）若是回來了，他率領申、息二地的子弟全都喪失在戰場上，他如何對申、息二地父老交代呢？」

鬥宜申、孫伯說：

「子玉本來要自殺的，我們兩人勸止他說：『君王將會制裁你的。』」

等走到連穀（在今河南方城縣東），子玉沒有得到楚成王的赦免命令，就自殺而死。

晉文公聽到這件事，喜形於色地說：

「從此再也沒有和我作對的人了。」

燭之武退秦師

僖公三十年（西元前六三〇）

晉文公聯合秦穆公共同率領軍隊包圍鄭國，一個原因是晉文公為公子逃亡在外，經過鄭國時，鄭文公沒有以禮款待他；另一個原因是鄭國眼見楚國日益強大，就向楚國通好，對晉有了二心。晉國軍隊在函陵（在今河南省新鄭縣北）紮營，秦國軍隊在氾水（故道在今河南省中牟縣南）之南紮營。

鄭國大夫佚之狐向鄭文公進言：

「國家的情勢危險極了！假若派遣燭之武去見秦國國君，秦國軍隊一定會撤退。」

鄭文公聽從了佚之狐的意見，要派遣燭之武到秦國去。

燭之武接到命令後，卻推辭說：

「臣在壯年的時候已經都不如人，現在老了，更是辦不了什麼事了。」

鄭文公說：

「我不能及早借重先生，如今情勢緊急，我才求先生為國出力，這是我的過錯。如果鄭國滅亡了，也是不利於先生的。」燭之武於是答應了。

夜晚，鄭國用繩子把燭之武縛住，慢慢地從城牆上放下來。

燭之武見到秦穆公說：

「秦國、晉國軍隊聯合包圍我們鄭國，我們已經知道將要滅亡了。假如鄭國滅亡對於你們秦國有好處，我們就冒昧地拿滅亡鄭國這件事麻煩您。秦國若是越過晉國，而拿鄭國之地作為邊邑，我想您是知道這件事的困難的；這麼一說，哪裡用得著消滅我們鄭國而增加晉國的土地？晉國土地擴大，就等於你們秦國土地縮小。假如您肯高抬貴手，不消滅我們鄭國，到時候我們鄭國可以做個東方道路上的主人，你們秦國的外交使節東西往返，我們可以提供食宿，這樣對你們沒有什麼害處；而且，晉惠公是靠你們秦國的力量，才能回到晉國，登上國君的寶座，他說為了報答您對他的恩情而把焦、瑕（均在今河南省陝縣附近）二個地方許給秦國，但是他一過黃河回國，就馬上在焦、瑕二地修築城牆，設置防禦工事。這件事您是知道得很清楚的。那個晉國哪會有滿足的？晉國既已取鄭國做為它東邊的邊界，又極力擴張它西面的邊界；若不從秦國挖塊土地，那它哪裡去取得它所要的土地

呢？滅亡鄭國，卻損秦來利晉，希望您得好好考慮考慮這件事。」

秦穆公很高興，就與鄭國簽定盟約，並派遣秦國三位大夫杞子、逢孫、楊孫替鄭國戍守在國境，然後，秦穆公回到秦國。

晉國大夫狐偃要求晉文公派兵攻打秦國。

晉文公說：

「不可以，要是沒有秦穆公的幫助，我今天也做不了晉國的國君。憑藉人家的力量成功之後，而去損害人家，這是不仁。失去了同盟國家，這是不智。破壞了團結合作，這是勝之不武。我也想回去了。」

於是，離開了鄭國。

秦、晉殽之戰

僖公三十二年（西元前六二八）

魯僖公三十二年冬，十二月十一日，晉文公去世。十二日移靈於晉國公室祖墳所在地曲沃（在今山西省聞喜縣東）。當靈柩離開晉國國都絳（在今山西省翼城縣東南）時，靈柩之內發出來如同牛叫一樣的聲音。

晉國掌管卜筮之官郭偃聽到了秦國的密謀，所以假借著靈柩之內發出來的聲音，使群臣跪拜，並說：

「這是先君囑咐我們戰爭大事，西邊秦國的軍隊大概會越過我們的土地，到時候攻擊他們，一定會大勝一場。」

秦國大夫杞子自鄭國派使者回國報告說：

「鄭國人派我防守鄭國北疆的門戶，假如祕密派軍隊出來，加上我做內應，鄭國是唾手而得的。」

秦穆公聽了之後，就拜訪蹇叔，問他對於這件事的看法。

蹇叔說：

「以疲憊的軍隊去偷襲遠方，我不曾聽說過這樣的事情。軍隊疲勞不堪，加上遠方的國君一定防備，大概行不通吧！軍隊的行動，鄭國人一定知道，勞苦而無所得，一定有悖逆之心，何況每日行軍千里，哪個人會不曉得？」

秦穆公不太開心地離開了，而召見孟明視、西乞術、白乙丙，派遣他們出師，離開東門。

蹇叔為這些軍隊流淚，並說：

「孟明視，我看這些軍隊只有出去，不會回來了。」

秦穆公的使者粗暴地對蹇叔說：

「你知道什麼，假如你只活個六十來歲，你墳邊的樹木已經拱抱了，真是老不死！」

蹇叔的兒子，也入了秦國遠征軍。蹇叔哭著送他說：

「晉國軍隊必定在殽（在今河南省洛寧縣西北）布置防禦。殽有二座大山頭，君皐的墓穴在它的南邊的山頭，周文王曾在它的北邊山頭躲避風雨。你一定在這兩座山頭之間戰

死。我會來替你收屍的。」

秦國軍隊向東進發。

僖公三十三年（西元前六二七）

魯僖公三十三年，春天，秦國軍隊經過周王畿的北門（在今河南省洛陽縣西北）的時候，秦軍兵車上左戎、右衛脫下鐵盔，下車步行，對周襄王示敬。但剛一下車又跳上車，表現出輕狂無禮。

王孫滿當時年紀雖小，看到這種情形，就對周襄王說：

「秦國軍隊輕狂放肆，又不遵守禮法，出兵打仗一定失敗無疑。輕狂放肆就不會周密計劃，不遵守禮法就不能小心謹慎。行軍入於險要之地而粗心大意，又不能計劃周密，能不失敗嗎？」

秦軍到了滑國（在今河南省偃師縣南），鄭國商人弦高正要往王城（在今河南省洛陽縣西北）去做生意，路上遇到了秦軍。於是弦高先拿四張皮革，再拿十二頭牛，慰勞秦軍。並對秦軍統帥說：

「我們國君聽說你們秦軍要路過我們鄭國，我們冒昧地來慰勞你們的軍隊。我們鄭國雖然不是富厚的國家，但怕你們的軍隊要滯留下來，我們願意供應你們的糧秣，如果你們

的隊伍要開拔，我們願為你們守夜，保衛你們。」

同時，差使驛車趕緊回國報告這種情況。

鄭穆公知道這件事，立刻派人去監視秦軍駐在鄭國使館的情形，發現秦人正在綑束行裝、磨礪兵器、餵飼馬匹，準備行動的樣子。

於是，鄭穆公派遣皇武子代表鄭國向他們提出照會，說：

「你們在敝國停留了很久，大概由於每日生活的糧食，以及日用必需品已經告罄，所以你們收拾行裝，準備離開敝國。其實，鄭、秦二國一向交往密切，友誼深厚，我們鄭國的園囿原圃（在今河南省中牟縣西北），就像你們秦國的園囿具圃（在今陝西省隴縣西）一樣；你們可以在原圃取得你們的生活必需品，以便在我們鄭國住下來，你們看怎麼樣？」

秦國使者杞子等人一聽，知道鄭國已經識破了他們的計劃，於是杞子逃亡齊國，逢孫、楊孫逃亡宋國。

秦軍主帥孟明觀察情勢，然後說：

「鄭國有所準備，我們對他們不存什麼希望。我們攻打他們，不一定能打垮他們；要是包圍他們，我們的後力會不繼。不如班師回國吧！」於是消滅滑國而率兵回國。

晉國大夫先軫說：

「為了貪圖併吞鄭國，秦國違背了蹇叔的忠告，勞苦了人民，這是上天賜給我們的良

機。天機不可喪失，敵人不可放縱；放縱敵人，遺害無窮；違背天機，生災不祥，一定要攻擊秦國軍隊。」

欒枝說：

「我們沒有報答秦國對我們的恩惠，而去攻擊他們的軍隊，這是忘掉了先君嗎？」

先軫答道：

「秦國不為我們的喪事哀傷，卻乘這個時候攻打我們姬姓的國家，這是秦國不守禮法，哪有什麼恩惠？我聽說，放縱敵人一天，就造成好幾世的禍患。我們出兵攻擊秦軍，是為後世子孫打算，怎麼能說是忘掉了先君？」

於是發出動員命令，同時也派驛車傳令姜戎要他們動員軍隊。晉襄公當時穿著黑色喪服親自率軍出征，梁弘駕車，萊駒為右衛。

夏天，四月十四日，晉國和姜戎的聯軍，在殽（在今河南省洛寧縣北）擊潰了秦軍，俘擄了百里視、西乞術、白乙丙。於是晉人穿了黑色喪服安葬晉文公，晉人從此就穿黑色衣服。

晉文公夫人文嬴請求襄公釋放秦軍三位將領，說：

「這三人實在是挑撥晉、秦二國君主的人；我們秦國君主就是吃了他們的肉，還是心有不甘，何必屈尊您去懲罰他們呢！就釋放他們回去，讓秦國把他們殺了，好滿足我們秦

君的願望，您認為怎麼樣？」晉襄公答應了，並釋放了他們。

先軫上朝，問起秦國俘虜。

晉襄公說：

「我母親請求放了他們，我已經放了他們。」

先軫發怒說道：

「戰士們在戰場上費了很大氣力才把他們抓住，一個女人在一瞬間就把他們赦免、放了；毀壞了軍隊的戰果，而助長了敵人的仇恨，亡國的日子不遠了！」

先軫氣極敗壞，也顧不了君臣之禮，就在襄公面前吐唾沫。

晉襄公吃了先軫的排頭之後，派陽處父去追秦國三將領。追到黃河邊，發現秦軍三將領已在河中船上了。陽處父便把車左的驂馬解開繮繩，假借襄公的命令賜給百里視，想藉百里視回頭取馬時，把他們一舉捕獲。

百里視稽首謝道：

「蒙你們國君的恩惠，不把我這個俘虜殺了，用我的血去塗鼓，釋放我回去，到秦國接受死刑；要是我們秦國的君主判我死刑，把我正法了，我身雖死，也不會忘記你們君主的恩惠。假如，託你們的國君的福，我能夠倖免不死，三年之後，再來謝拜，領取你們國君的賞賜。」

秦穆公穿著素衣素服率領群臣在郊外等候，對著秦國軍隊不住的落淚，並且說道：「我不聽從蹇叔的忠告，害得你們受到侮辱，這真是我的罪過。我不曾下令中止百里視率軍攻伐鄭國，這也是我的過失。諸位大夫有何罪過？我不會以小小的過失而掩蓋大的成就。」

鄭國俘擄宋國大夫華元

宣公二年（西元前六〇七）

魯宣公二年，春天，鄭公子歸生接受楚國的命令，率領鄭軍討伐宋國。宋國大夫華元、呂樂率兵防禦鄭軍的攻擊。二月十日，鄭、宋二國軍隊在大棘（在今河南省柘城縣西北）大戰，宋軍大潰敗。鄭軍俘擄了華元，殺死了呂樂，並擄獲兵車四百六十輛，俘擄二百五十人，截取宋軍一百個左耳。

宋國大夫狂狡在戰場遇到鄭國士兵，鄭國士兵掉入井中，狂狡把戟倒拿著，把那個鄭國士兵從井中救出，結果狂狡反被鄭國士兵俘擄。

君子批評狂狡被俘說道：

「狂狡錯失行軍之禮，違背殺敵之命，他被敵人擒獲是理所當然的事。戰爭中，知曉

勇敢和剛毅達成命令就是禮。殺敵就是果敢，達成果敢殺敵就是毅。我不殺敵，敵必殺我。」

宋、鄭戰前，華元殺羊犒賞兵士，沒分給他的駕車羊斟（ㄓㄣ zhēn）。後來到戰爭時，羊斟說：

「前些時分羊肉，是你當家做主；今天駕車，可就是我當家做主。」和華元一同馳進鄭軍之中，故意戰敗。

君子批評道：

「羊斟真不是人。因個人的私怨，而敗國殃民；在刑法上看，沒有比這更大的罪了。《詩經》上所說『喪盡天良的人』，大概就是說像羊斟這種人吧！只為滿足個人一時之快，而使人民受到殘害。」

宋國用兵車一百輛，花馬四百匹向鄭國贖華元回國。剛把一半車馬送到鄭國，華元就逃回宋國。華元立在城門外，向守城的官吏說明自己的身分，然後入城。

華元見到叔牂（ㄗㄤ zāng），叔牂說：

「大概是你的馬不聽你指揮的緣故，才使你敗落被俘。」

華元說：

「不是馬不聽指揮跑入鄭軍，而是有人和我作對的緣故。我們宋國既然已和鄭國講和，

我就跑回來了。」

後來，宋國人築城，華元為主帥負責監工，巡視工程進行的情況。

築城的人民唱道：

「大眼睛，大肚子，丟盔甲，吃敗仗，逃回來。大鬍子，大鬍子，丟盔甲，吃敗仗，逃回來。」

華元差使他的左、右侍衛也對唱道：

「牛有牛皮，犀牛皮更多，丟棄盔甲，那有啥關係！」

築城的人又唱道：

「縱然牛皮多，丹漆卻不夠，你看怎麼辦？」

華元說：

「走吧！走吧！他們人多口多，我們說不過。」

晉靈公不行君道

宣公二年（西元前六〇七）

晉靈公做國君，卻不行君道。他加重賦稅，用來在牆上裝飾壁畫；從樓台上用彈弓射人，看別人怎麼躲開彈弓的子彈。

有一天，宰夫（就是掌管膳食的官）給他燉熊掌，沒燉得爛熟，他就把宰夫給殺了，放置在畚箕裡頭，故意讓一個婦人用車裝載，經過朝廷，給群臣來個下馬威。趙盾和士會看見了宰夫的手，問起事情的究竟，而為這件事憂慮。

趙盾準備去進諫晉靈公，士會說：

「你要是進諫之後，他仍不聽的話，那麼，沒人能繼續進諫了。我士會先去進諫，要是他不聽的話，那麼，就請你再接再厲。」

士會往前走了一段路，伏到地上行禮，晉靈公知道他要進諫，假裝沒看見；士會只好又往前走，再行禮，靈公還是假裝沒看見；士會又向前，走到了屋簷下，靈公無可避免，才理他。

靈公卻先發制人地說：

「我知道我所犯的錯誤，也準備改掉這些錯誤。」想把士會的話擋回去。

士會仍然行了稽首禮（稽首是古人最恭敬的禮節，動作近於磕頭，但要先拜，然後雙手合抱按地，頭伏在手前邊的地上並停留一會兒，整個動作都較緩慢），然後對答道：

「哪個人不犯錯誤，要是犯了錯誤而能改正的話，沒有比這更了不起的事了。《詩經》上說：『哪一件事沒開頭？有始有終真不多。』照這樣看起來，能夠彌補錯誤的人是很少的了。您要是能有始有終，那我們的國家就鞏固了，豈單單我們這些臣子能夠依靠您。《詩經》上又說：『天子有闕失，只有仲山甫能補之。』這是說能補過的意思。您要能彌補過失，您就不會失去您的君位。」

晉靈公還是不改過遷善，趙盾接二連三地進諫。於是，晉靈公非常討厭趙盾，派了晉國大力士鉏麑（ㄔㄨˊ ㄋㄧˊ chú ní）去刺殺趙盾。鉏麑天不亮就去，發現趙盾臥室的門是開著的；看見趙盾穿戴整齊準備上朝，由於時間太早，他坐著打盹兒。

於是，鉏麑退了出來，感嘆地說道：

「一個人處處不忘恭敬，是人民的真主人。殺了人民的真主人，是不忠；捨棄了國君的命令，是不信。人生在世，如有不忠不信之中的任何一樣，真是生不如死。」就這樣，鉏麑頭撞槐樹而死。

魯宣公二年，秋天九月，晉靈公賜趙盾酒喝，暗地裡卻埋伏穿鎧甲的武士，準備刺殺趙盾。趙盾的勇士提彌明發現了這件事，就快步走上堂去，說道：

「臣侍候國君的宴飲，超過三爵（爵，古時飲酒器），就不合於禮了。」趕緊扶著趙盾走下堂去。

晉靈公喚出了他的猛犬。提彌明徒手就把猛犬打死了。

趙盾說：

「拋棄了人而用犬，犬雖然凶猛，但有什麼用？」

於是一邊打，一邊向外走出。提彌明為趙盾殉難了。

有一次，趙盾在首山（在今山西省永濟縣南）打獵，曾在桑樹樹蔭下過夜，見到靈輒因飢餓病倒，問靈輒得了什麼病？

靈輒回答：

「三天沒吃東西了。」於是給他東西吃，靈輒只吃了一半。

趙盾又問為什麼不吃了，靈輒回答道：

「臣出外遊學了三年，當了三年的官差，如今不知母親還在不在人間。現在離家近了，請把剩下的一半送給她吃。」

趙盾要他吃乾淨，並為他準備一筐的飯和肉，放在皮口袋一起給他。不久，靈輒做了晉靈公的武士。當趙盾一邊打，一邊逃的時候，靈輒掉轉戟頭來抵擋晉靈公的手下，使趙盾脫身。

趙盾問他為什麼這樣做，他回答說：

「我就是桑樹樹蔭地方的那個餓倒的人。」又緊接著問他的名字和住的地方，他不告訴趙盾而退走了——趙盾也一個人逃跑了。

九月二十七日，趙穿在靈公的園囿桃園殺了靈公。趙盾沒有跑出晉國的國境，又跑回來了。晉國太史（太史是官名，掌管記載國家大事）董狐寫道：

「趙盾弒殺他的國君。」拿到朝廷上公布。

趙盾說：

「不是這樣。」

董狐對答道：

「您是一國的正卿（正卿，一國的主要政務官），逃亡時候居然不越出國境；返回來時也不聲討國賊，不是您弒殺國君，那會是誰呢？」

趙盾感嘆說道：

「唉！『由於我眷戀祖國，反給自己帶來了憂戚』，大概就是指我這種情況而言吧！」

孔子後來評論這件事情說：

「董狐是古代的好史官，寫史書的時候毫不隱瞞。趙盾是古代的好大夫，為了史官的原則而蒙受弒殺國君的惡名，這也太可惜了。要是他逃亡時跑遠一點，越過晉國的國境，就可免掉蒙受弒殺國君的惡名。」

王孫滿答楚莊王問九鼎

宣公三年（西元前六〇六）

魯宣公三年春天，楚莊王攻伐陸渾戎（陸渾戎原居今甘肅省西部安西縣，後遷徙到秦、晉兩國的西北。魯僖公二十二年〔西元前六三八年〕秦、晉兩國誘遷陸渾戎至伊川〔在今河南省嵩縣東北〕），乘勢打到雒水流域（即今河南省的洛水），在周天子王畿境內展示武力。

周定王派周大夫王孫滿犒勞楚軍。楚莊王想逼取周的天下，向王孫滿問自禹相傳九個寶鼎的輕重和大小。

王孫滿回答楚莊王說：

「得天下在於具有崇高的德望，為天下人所歸往；不在於占有寶鼎，具備神器。從前

夏朝剛剛樹立德望——大禹王——的時候，遠方的人把當地珍奇異物畫成圖片拿來上貢。九州之長上貢金銅，然後把珍奇異物的圖象鑄造在寶鼎之上，寶鼎之上具備各種奇形怪狀，使人民知道鬼神百物的形狀，有所防備。所以人民進入深山、大川、沼澤、樹林，不會遇到不順的事情；妖魔鬼怪，一個也碰不到。因此上下能夠和諧一致，共同承受上天的保佑。由於夏桀倒行逆施，國家滅亡，保不住這九鼎，這九鼎遷到商朝王廷。商人保有這些寶鼎六百多年，後來商紂暴虐無道，這些寶鼎又歸周人所有。

假如一個國家有美德善行，鼎雖小猶重，別人也是搬不走的，假如一個國家的政治混亂、邪惡，鼎雖大猶輕，別人一搬就走。上天賜福給美德善行的人，但也能收回他的福賜。周成王得九鼎，定都郟鄏（ㄐㄧㄚˊ ㄖㄨˋ jiá rù，在今河南省洛陽縣）時，曾經占卜，卜問周室可傳多少世代？卜兆顯示周室可傳三十世。卜問周可享祚多少年？卜兆顯示周可享祚七百年。周室的年世是上天命定的。周天子的德望雖然有衰落的跡象，可是天命還沒有改變、轉移。九鼎的輕重大小，現在還不到問的時候！」

晉、楚邲之戰

宣公十二年（西元前五九七）

宣公十一年，鄭國和晉國盟於辰陵（在今河南省淮陽縣西南）。

宣公十二年，春天，楚莊王率兵包圍鄭國都城（在今河南省新鄭縣）。包圍十七天之後，鄭國人卜問與楚國求和的事，結果是不吉。於是，卜問在鄭國祖廟哭祭，準備巷戰如何？結果卻吉。於是，鄭國人在祖廟大哭一番，表示有必死決心（請求祖宗保佑），防守城牆上雉堞的士兵也都落淚了。

當莊王率領軍隊後撤，鄭人趕快修補城牆；楚莊王又率軍前來包圍。楚軍包圍三個月，方才攻下鄭國都城。楚軍從皇門打入，占據了通衢大道。

鄭襄公脫去上衣，光著肩背，手中牽羊，迎接楚莊王，說：

「我不得上天保佑，不能好好為楚君效勞，觸犯楚君，使楚君發怒，而連累了我們國家，這是我的罪過。我哪還敢不唯命是聽！就是把我俘擄到江南，充實海濱無人居住的地方，我們也只有聽命了。若是把鄭國翦滅分賜諸侯，使鄭國的人民變成臣妾奴僕，我們也只有聽命了。假若你顧念我們從前的友好，肯為厲王、宣王、鄭國桓公、宣公的子孫求福，不消滅他們的國家，使鄭國相當於九縣的地位，來事奉楚君，這就是您的大恩大德，也是我的心願。我並不敢存有什麼奢望，只是把心裡的話向您說出。一切一切都由您來安排決定。」

楚莊王左右的人說：

「不能答應他的要求。既已取得人家的國家，就不可赦免！」

楚莊王說：

「鄭國的國君能屈居於他人之下，一定能受到他的人民信任，也一定能支使他的人民！哪能對鄭國存有過分的野心呢？」楚軍後撤三十里，而答應與鄭國講和。

楚國大夫潘尪（ㄨㄤ wāng）出使鄭國簽訂盟約，鄭國派遣公子去疾到楚國去做人質。

夏天，六月，晉國軍隊準備解救鄭國的圍難。荀林父率領中軍，先穀為中軍佐；士會率領上軍，郤克為上軍佐；趙朔率領下軍，欒書為下軍佐。趙括、趙嬰為中軍大夫，鞏朔、韓穿為上軍大夫，荀首、趙同為下軍大夫；韓厥為司馬。

晉軍到了黃河河岸，聽說鄭國已和楚國講和；荀林父打算回去，說道：「救鄭已經來不及了，不如回去，要是現在趕到鄭國，只能勞民傷財，還能幹什麼？等楚軍班師回國，我們再興師採取行動，也不算遲。」

士會也說道：「好主意！我聽說用兵是要看時機而採取行動，一個國家的恩德、刑罰、政治和典禮不變動，不可與它為敵，也不可征伐這樣的國家。楚國人征伐鄭國，是因鄭國對楚國的盟約存有二心而憤怒，卻又憐憫鄭國人的低聲下氣。當鄭國背叛盟約時，楚國就派兵征討；當鄭國認罪後，楚國又赦免了鄭國。這樣建立起楚國的恩德與刑罰。討伐叛逆就是表現一個國家的刑罰，用懷柔辦法對待服罪的國家就是表現一個國家的恩德。楚國的恩德和刑罰都建立起來了。

楚軍去年進軍陳國，今年又進軍鄭國，人民並不感到疲勞，楚君也沒有遭受毀謗。他們的政治上軌道了。楚國把戰陣布置完畢，商、農、工、賈，各行各業沒有停止工作；而戰車上的士兵相處和睦，又沒有作奸犯科的人。孫叔敖掌管楚國的政事，斟酌楚國古代政典法令。

楚軍作戰，以兵車為主力，行軍之時原在兵車右邊的步卒，立刻分散在兵車兩旁嚴陣以待。左軍負責補給，提供糧草，紮營安寨；哨兵偵察敵蹤，以茅旗發出信號，鴉雀無聲；中軍權衡大局，指揮全軍；後軍全是精兵，爭取最後關頭的勝利。不論部隊大小，都按照各種鳥獸圖案旗幟的旗語而行動，不等主帥下令戒備，士兵們就都提高警惕，有所防備。孫叔敖真能建立制度。

楚國君主舉用人才，凡是同姓有才能的人，就從國君的親族中選出來；凡是異姓有才能的人，就從國家的舊臣中選出來；任用人才，不曾遺漏有德的人；賞賜爵祿，不曾遺漏有功勞的人；年老的人受到優待，過路的旅客受到賜與；日常的衣服、用品，按照地位的尊卑，有一定的等級制度；地位高的貴族常保他們的尊嚴，地位低的人民也有符合他們身分的威儀，不許讓人任意凌辱。這真是遵守禮數，不背禮行事了。恩德樹立，刑罰不失，政治成功，事情合時，法令遵行，按禮辦事，怎麼能和這種國家為敵？

看見有機可乘，就揮兵進攻；知道難以取勝，就帶兵撤退：這就是帶兵打仗的好策略。吞併弱小不振的國家，攻取政治昏亂的國家：這也是用兵的好原則。你們要是整頓軍旅，經營武備，弱小不振而政治昏暗的國家多得是，何必一定要和楚國戰一場不可？仲虺（ㄏㄨㄟˇ huǐ），商湯的左相有句話說：『可以用兵強取動亂不安的國家，可以使強侮辱萎靡不振的國家。』這是說可以吞併弱小不振國家。〈酌〉詩中有句：『壯盛的武王軍隊，順著時機，取攻那個昏昧。』這是說可以討伐政治昏亂國家。〈武〉詩有一句說武王『功業盛大，無可相比。』這是說安撫弱小，攻取昏昧，以求建立功業，是可以的。」

先縠卻不以為然地說：

「不可以只求功業，而不擇手段，乘人之危，併吞弱小。我們晉國所以稱霸，是因為軍隊勇敢善戰、人臣盡力負責的關係。今天，我們的保護國被楚軍占領，不能說我們的人臣盡力負責；有敵而不去追蹤，不能說我們的軍隊勇敢善戰。要是從我們手中失去晉國霸主的地位，那還有何面目上對祖宗、下對子孫；那就不如死了算了。況且率領訓練精良的軍隊開出晉國，一聽說敵人強大就撤退回國，不像個男子漢大丈夫，卻像塊大豆腐。命令我們統帥軍隊，結果，我們的一切行動卻不像大丈夫的所作所為。你們能辦得到，我可辦不到。」於是，先縠率領中軍佐的部隊渡過黃河。

荀首說道：

「這次中軍佐的軍隊，大概凶多吉少！《周易》有這樣的說法：師卦變到臨卦，由『地☷、水☵、師䷆』變成『地☷、澤☱、臨䷒』，由『水☵』成『澤☱』。師卦初六說『師出以律，否臧凶』，這是說開拔軍隊出發打仗，要有紀律，如果沒有紀律，就會凶險。任何事件如果要順著事理去做，就會有好的結果；如果逆著事理去做，就不會有好的結果。師卦變成臨卦，由『地☷、水☵、師䷆』變成『地☷、澤☱、臨䷒』，由『坎☵』成『兌☱』。『坎』是眾人的象徵，『兌』是柔弱的象徵，由坎變成兌，正象徵眾心渙散，力量變得柔弱了。『坎』也是河川的象徵，『兌』也是湖澤的象徵，由『坎』

變成『水』，同時也象徵著河川壅塞成了湖澤，原是便利行軍的河川變成為一片難行的泥淖。

紀律就是每個人要守住自己的崗位，克盡職責，不做越分的事，行自己分內的事。敗壞了紀律，就不好了，水流由滿盈而乾涸，因堵塞而不去疏通整理，所以凶險了。行不通叫做『臨』，有主帥的命令而不聽從，還有什麼比這個更行不通的事情？中軍佐率兵出征這件事，正合乎這種情形。如果遭遇敵人一定戰敗，先縠也會受禍。即使他個人能倖免於難而回國，也必定有很大的罪過。」

韓厥對荀林父說：

「先縠不顧全大體，所率領一股軍隊遭受覆敗，您的罪可不輕！您是晉軍元帥，軍中有人不聽您的命令，這是誰的罪過？丟掉屬國，喪失軍隊的罪名不輕，我看還是下令進攻吧！如果打仗不能打勝，大家每人都肩挑一點責任。與其一個人把所有罪名承擔下來，不如讓六個人共同頂下來，不是比較好一點嗎？」

於是，整個晉國渡過黃河，走向鄭國的戰場。

楚莊王的軍隊向北開拔，到了郔（ㄧㄢˊ yán），在今河南省鄭縣東。楚國大夫沈尹率領中軍，公子嬰齊率領左軍，子反率領右軍，他們準備打到黃河邊才鳴鼓收兵，撤退回國。當楚軍聽到晉軍已經渡過黃河，楚莊王想要撤兵回國；但他的寵臣伍參希望開戰。

令尹孫叔敖也不願意繼續與晉作戰，說：

「前幾年我們進軍陳國，今年我們進軍鄭國，我們軍隊的作戰不能算少。如果打不了勝仗，伍參的肉能讓我們吃飽嗎？」

伍參說：

「假如我們的仗打勝了，那孫叔敖就是無謀之士了。假如我們戰打不勝，我伍參的肉將要帶到晉國去了，你們吃得著嗎？」

孫叔敖不聽，下令把車掉頭南行，也把軍旗掉頭朝向。於是伍參趕忙對莊王說：

「晉國新任命的元帥，資歷短淺，威望不夠，所以命令不能下達。他的中軍佐郤縠，剛愎自用，既不憐憫士兵，又不肯聽從命令；他們上、中、下三軍統帥，各行其事，無人能專一作主；晉軍的士卒就是想聽從命令，但他們的最高統帥無力約束部下，一任眾將發號施令，士卒也不知應聽從哪一個的命令。這次戰爭，晉軍必定戰敗無疑！況且，楚如退兵，則是君從臣的面前逃開，這怎麼對國家百姓交代？」

楚莊王深感以一個國君去躲避一個臣子為恥；於是，告訴令尹孫叔敖改變車子進行的方向，而向北前進。楚軍在管（今河南鄭北）安營紮寨，等待晉軍的到來。

晉軍駐防敖山、鄗（ㄑㄧㄠ qiāo）山（均在今河南省廣武縣附近，敖山在縣西北十五里，鄗山在其南）。

鄭國皇戌出使到晉軍，對晉軍說：

「鄭國順從楚國，是一時為保全鄭國的權宜之計；鄭國對晉國絕無二心，始終忠貞。楚軍驟然獲勝而驕傲，他們軍隊如今已經暮氣沉沉，而不提高警覺。你們晉軍先出擊，鄭國的軍隊就跟著響應，如此一來，楚軍必敗無疑。」

先穀趕緊說：

「打垮楚國，收服鄭國，就在此一舉！一定得答應鄭國的請求。」

欒書說：

「楚國自從消滅庸國（在今湖北竹山縣）以來，他們的國君治理人民，沒有一天不是在教導他們：人民生活的不容易，要小心謹慎，說不定什麼時候有飛來橫禍；時時要戒慎小心，不可以懈怠。楚君治理軍隊，無一日不在告訴他們：勝利的果實不可常保，商紂王有百次戰勝的記錄，結果卻亡國絕後。楚君把他們的祖先若敖、蚡（ㄈㄣ fēn）冒乘著柴車、穿著破衣、開闢山林、墾拓荒野的艱辛勤儉的精神告訴楚人。並有『人的生計在於勤儉，能夠勤儉，生計就不匱乏』的箴言。像這個樣子不能說他們驕傲。

先大夫狐偃說：『軍隊出兵打仗，理直氣壯，鬥志昂揚；理虧氣短，暮氣沉沉。』現在我們沒有德行，而招怨於楚國，變成我們理屈，楚國理直。我們不可說楚軍暮氣沉沉。他們國君的兵車分為兩廣，每廣有兵車十五輛，每輛兵車有軍士三人，步卒七十二人，每

廣十五乘一千一百二十五人。又每廣有一卒（一百人）做為後備部隊；每卒又有一偏（五十人）和一兩（二十五人）作為它的後備力量。右廣從雞鳴時開始駕車出發，數其時刻，至日中而止，然後由左廣接替，一直到日落黃昏為止。國君左右的衛士按照秩序值夜守衛，以防意外。這不可說楚軍放鬆戒備。子良是鄭國的賢人，潘尩是楚國所尊崇的人。潘尩入鄭，訂立盟約；子良往楚，做為人質，楚國和鄭國關係親密了。現在皇戌來勸我們與楚作戰，我們要是戰勝他們就來投靠我們，我們要是失敗他們又去往靠楚國。鄭國使者只是投石問路，摸摸我們的動向。不可以聽從鄭國使者的。」

趙括、趙同說：

「率領軍隊以來，一天到晚在找敵人；如果我們勝利，就能獲鄭為屬國，還等什麼？一定要聽先縠的。」

荀首說：

「趙原、趙括是闖禍一類的人。」

趙朔說：

「欒書說得對！實踐他所說的話，必定能在晉國當權。」

楚國少宰到晉軍，說道：

「我們國君少年不幸遭遇憂愁困苦的處境，不善於言辭。他曾聽說我們楚國成王、穆

王二位先君來往在這條征伐鄭國的道路上，為的是教導鄭國，安定鄭國。哪裡敢得罪晉國？請你們不要在這裡滯留太久。」

士會回答說：

「從前周平王任命我們晉國先君文侯說：『晉國與鄭國共同來輔助周王室，不可廢置王的命令而不顧。』現在鄭國不能遵從王命，我們國君使我國群臣到鄭國來探問，並沒有與貴國打仗的意思，怎麼敢屈尊貴國的哨兵，來偵察我們的軍情。」

先縠認為士會的話太軟弱諂媚了，派使趙括追上楚國少宰而更改說辭，說：

「我們的外交代表說錯了話。我們國君命令群臣把貴國人在鄭國的行蹤挪開，並命令群臣不許躲避敵人。我們群臣是無法逃避我們晉君的命令的。」

楚莊王又遣使者到晉軍求和，晉國人答應了；並約定盟誓的日子。楚國大夫樂伯乘車居左、許伯駕車、攝叔為右衛，到晉軍陣前挑戰，故布疑陣，表示不欲求和。

許伯說：

「我聽說到敵人陣前挑戰，做為一個駕車的人，應該很快地駕著兵車走近敵陣，把軍旗斜舉著，使它摩擦到敵人的軍壘，然後回來。」

樂伯說：

「我聽說到敵人陣前挑戰，車左要射出菆（ㄗㄡ zōu）箭（是一種質地堅好的箭），替代

駕車的人拿著轡繩，好讓駕車的人下車將馬排比整齊，調整繮繩而後回來。」

攝叔說：

「我聽說到敵軍陣前挑戰，做右衛的人應該進入敵人的軍壘，殺死一個敵人，截其左耳，並擒來一名俘虜，然後回來。」

這三個人都按照他們所聽說的向敵軍挑戰的方式做了一遍，然後回來。

晉軍就來追逐他們，從右左兩邊夾攻。樂伯從左邊射馬，從右邊射人，夾攻他們的人不能前進，結果箭只剩下一枝了，突然車前出現了一隻麋鹿，樂伯張弓一射，就射中了麋鹿的背脊骨。晉國的鮑癸正在他們車的後邊窮追不捨，樂伯命攝叔把這麋鹿獻給鮑癸。

攝叔獻麋鹿的時候說：

「現在還不到打獵的季節，那些上貢的禽獸還沒到，所以才冒昧地拿這隻麋鹿來慰勞您的部屬，略表心意。」

鮑癸命令與他一起追逐的晉軍停止，並說：「楚軍車左射得準，車右會說話，是君子啊。」於是停止追逐。

晉國的魏錡要求公族大夫的官，沒得到手，而懷恨在心，想要晉軍吃敗仗。於是魏錡就要求到楚軍陣前挑戰，晉軍不答應；請求出使楚國，獲得許可。他便前往楚軍，然而他竟代表晉軍向楚軍挑戰，然後回來。

楚國潘黨就帶人追逐他，一直追到滎澤（在今河南省廣武縣）。魏錡看見六隻麋鹿，他就射了一隻，回頭獻給潘黨，說：

「你將有軍事行動，管理牲畜的人恐怕不能供應軍隊所需的鮮肉，我冒昧地把這隻麋鹿獻給你！」

潘黨下令，不再追趕魏錡。

晉國的趙旃（ㄓㄢ zhān）要求做個卿的官，沒能成功，心中已經不快；並且對於沒把楚軍前來挑戰的人給抓著而讓他們逃跑了，又感到十分生氣。於是他請求到楚軍陣前挑戰，沒獲得許可；請求召集諸侯會盟大會，得到了許可；他就與魏錡兩人先後接到命令前往楚國召開盟會。

郤克說：

「一個心懷不滿的人已經走了！要是不加強防備，就一定會吃敗仗。」

先縠說：

「鄭國人要求我們幫助他們打仗，我們卻不敢聽他們的話；楚國人來跟我們求和，我們卻不能真正做好；我們出師作戰，意圖屢變，命令始終不能如一。就是加強戒備，實際上又有什麼作用呢？」

士會說：

「還是防備的好。假如他們兩人挑撥離間，觸怒楚國，楚國人乘機來攻打我們，那我們立刻就會喪師覆軍，不如防備點好。如果楚國沒有惡意，我們就解除裝備而和他們訂立盟約，這對於兩國的結好是不會有任何損失的。如果楚國心懷不軌而來，有防備就不遭失敗。何況諸侯會面，衛兵都不撤除，就是為擔任警戒的緣故。」

先縠不同意士會的意見。士會命令上軍大夫鞏朔、韓穿率領軍隊在敖（在今河南省廣武縣西北）之前方布下了七處埋伏，所以上軍沒吃敗仗。中軍大夫趙嬰齊命令他的部隊先在黃河邊準備了船舟，所以當中軍吃敗仗而能先渡過黃河。

潘黨已經追逐了魏錡，趙旃晚上到達楚軍之中，無所畏懼席地而坐在軍門之外，派遣他的部屬走入晉軍。

楚莊王做了三十輛的兵車，分為左、右兩廣。右廣當雞一叫就駕車出動，日正當中的時刻就休息了；同時左廣在日正當中時刻接受命令，開拔出發，日入的時候休止。許偃駕馭右廣的帥車，養由基為帥車右衛；彭名駕馭左廣的帥車，屈蕩為帥車的右衛。六月十四日，王乘左廣的帥車去追逐趙旃，趙旃乘車逃入樹林之中，屈蕩和他肉搏，得到他的甲衣。

晉人害怕魏錡、趙旃挑撥離間，觸怒楚師，命令防禦守備的兵車去迎接魏錡、趙旃，表示不再打仗。潘黨看見塵土飛揚，就遣人回軍營報告，說：

「晉軍已經到了。」

楚軍怕他們的國君陷入晉軍的手中，派兵出陣迎戰。

孫叔敖說：

「進擊晉軍。寧可讓我們的軍隊逼近晉軍，不可讓晉國的軍隊逼近我們。《詩經》不是說過：『元戎十乘，以先啟行。』大車十輛，在前開道，要比敵人早採取行動。《軍志》上也說：『先人有奪人之心。』先發制人，可奪取敵人的戰鬥意志。逼近他們！」

於是，命令軍隊全速前進，兵車馳騁，步卒奔跑，乘晉軍不防備，衝進晉軍。晉軍主帥荀林父不知該怎麼辦，在中軍擊鼓說道：

「凡是先渡過黃河的有賞。」

中軍、下軍的士卒爭先恐後的搶奪船隻，已上船的人害怕船過重而引起沉船，於是用刀亂砍攀附船舷的手指，結果船上有一把一把的手指頭。

晉軍退過黃河，只有士會所統率的上軍沒有敗退。楚國大夫工尹齊率領右翼部隊來追逐下軍。

楚莊王派遣唐狡和蔡鳩居為代表告訴唐惠侯（唐是春秋時代的小國，在今湖北省隨縣，後為楚所滅），說：

「我沒有德行而又貪婪，造成大敵當前，這是我的罪過，然而楚國不能打勝仗，亦是

您的恥辱！我冒昧地借您的福氣，來協助我們楚國作戰！」

於是命令潘黨率領游擊兵車和補給兵車四十輛，聽從唐惠侯的指揮，作為左翼進攻部隊，去追蹤晉國上軍。

郤錡說：

「要不要等楚軍來，跟他們一決勝負？」

士會說：

「楚國軍隊，現在正是氣盛的時候，如果集中軍隊和我們戰一場，我國軍隊一定會喪失殆盡，不如收兵而回，一方面可分擔其他統帥失敗的罪名，另一方面也可減少士卒傷亡，這不也可行嗎？」

士會以上軍為晉軍的後衛，撤兵而退，沒吃敗仗。

楚莊王看見右廣的兵車，想坐右廣的兵車；屈蕩阻止他，說：

「您起初乘坐左廣兵車，就必須乘坐到底，不可中途改變。」

從此之後，楚國的兵車總是左廣的兵車先行。

晉軍之中，有兵車墜陷坑中，前進不了；楚兵有人教導晉兵該把車前橫板給卸下來。走不了多久，馬又打轉，不肯前進；楚兵又教晉兵拔去軍旗，把軍旗扔在車的衡木上；於是馬乃肯前進。這時晉兵卻回頭對楚兵說：

「我們不像貴國常吃敗仗，經常逃跑，所以你們很會使兵車脫險。」

趙旃把他的兩匹好馬，給了他的哥哥和叔父；而用其他的馬駕車回來。他在回國途中遇到敵人，不能甩脫，於是，棄車而逃入樹林。晉國逢大夫和他的兩個兒子乘車逃走，怕他兒子發現趙旃，告訴他兩個兒子說：

「不要回頭看！」

他的兒子偏偏回頭看，說：

「趙旃在後面！」

逢大夫對他兒子的舉動很生氣，命令他們下車。逢大夫指著樹木說：

「將來我在這裡找你們的屍體！」把登車的繩索遞給了趙旃，於是趙旃免禍。

第二天，按著標記去找他兒子的屍體，二個人都被敵人所殺，屍體重疊在樹下。

楚國大夫熊負羈俘擄了荀首的兒子荀罃，荀首要率領他的部屬去尋找、營救荀罃。魏錡駕駛兵車，下軍的士卒多聽從魏錡的。

每當荀首射箭，抓到質地堅好的箭，就放在魏錡的箭袋裡，捨不得射出，魏錡很生氣地說：

「你不去找兒子，而一味愛惜那楊柳做的箭，董澤（今山西省開喜縣）地方的楊柳多得是，你挑不盡、揀不完的！」

荀首回答道：

「不抓住敵人的兒子，我的兒子怎麼找得回來？我一定看人用箭，我不輕易地射出好箭，所以，當我抓到好箭時才放在你的箭袋裡。」

荀首用好箭射楚國連尹襄老，射中了，於是用車裝載襄老的屍體；又射中楚王子穀臣，並俘擄了穀臣，把襄老的屍體和穀臣一起帶回晉國。

到黃昏時刻，楚軍在邲（在今河南省鄭縣東）安營紮寨；晉軍的殘餘部隊不再像個隊伍，通宵渡河，整夜都有嘈雜聲音。

六月十五日，楚軍的輜重到達邲，於是又向前推進到衡雍（在今河南省原武縣西北）駐軍。

潘黨對楚莊王說：

「您何不把晉軍的屍體埋在一起，把土堆在那上面，造一個大的樓臺，來誇耀楚國的武功呢？臣聽說戰勝敵人，必定要告示子孫，讓他們不要忘了祖先的武功！」

楚莊王說：

「這你就有所不知了。『武』那個字，是由『止』『戈』二字構成，制止戰爭才是武的本意。周武王戰勝商紂王之後，詩人作〈時邁〉詩歌頌他說：『藏起干戈，弓箭放妥。唯求美德，理家治國。誠能如是，天下安和。』詩人又作〈武〉一詩，最後一章上有：『萬

世傳頌，豐功偉績。』〈賚（ㄌㄞˋ lài）〉詩說：『先王禮法，發揚光大，往征紂王，安定天下。』〈桓〉詩說：『安定萬國，屢有豐穫。』武德有七要項：一是制止暴亂，二是消弭戰爭，三是維持強大，四是鞏固功業，五是安定人民，六是和睦萬邦，七是增加財富。所以要使子孫不要忘記祖宗的功業。如今我使兩國人民暴露屍骨於野地，這太強暴了；展示軍隊，用武力來威脅諸侯各國，這樣子，戰爭是無法消弭了。強暴而不能消弭戰爭，這如何能保有天下？晉國雖然戰敗，仍然存在，我怎能鞏固我們的功業？我們違反人民欲望的地方多得很，怎麼能安定人民？我們不能以德服人，而與諸侯去強爭強求，如何能和睦萬邦？因人之危，而為己利；因人之亂，而為己安，變成自己的光榮，這如何能增加財富？武德有七項，我們竟連一項都沒有，我們拿什麼去告示子孫？我們還是先給楚國先君修建神廟，只把戰勝晉國的事實告訴先王罷了；我們實在談不上有什麼武德的事。古代聖王，討伐不敬王命、吞食小國的人，把那些人殺了而用土封埋他們的屍骸，做為正法的結果，於是乎才建造一個大門樓，去展示壞人的罪惡，做為一種懲罰，告誡世人。現在找不著晉國究竟有何罪惡，而晉國人民都效忠他們國君的命令，因此而犧牲生命，他們有什麼罪惡？需要建造一個大門樓來展示？」

楚軍在黃河南邊上祭祀河神；同時，建造了楚國先君的神廟，向楚國列祖報告了與晉國作戰得勝的事情。

這一場戰爭，實在是因鄭大夫石制把楚軍引入城，準備把鄭國分一半給楚國，希望得到楚國的協助，擁立公子魯臣為鄭國國君。六月三十日，鄭國殺公子魯臣和大夫石制。

君子評論這件事說道：

「史佚曾說的『不要乘人之亂以利己』，正是說這種事情。《詩經．小雅．四月》說：『離亂歲月，生民困苦；歸往何處，方是樂土？』生民的困苦應該歸罪於那乘人之亂以圖利自己的人了。」

鄭襄公、許昭公前往楚國。

秋天，晉軍回到晉國。荀林父因兵敗的緣故，請求死罪。晉景公想同意荀林父的請求。士會的庶子士貞子諫止晉景公，說：

「不可以這樣做。從前城濮那場戰爭，晉軍擄得了楚軍三日的糧食，文公還面有憂色。文公左右的人說道：『有喜事而面卻有憂色，難道有憂慮的事情反而面呈喜色不成？』文公說：『楚國令尹子玉還存在，不可以停止憂慮！一個受困的野獸還要做最後的掙扎，況且是一國的當政者呢？』等到楚國殺了子玉，文公高興的心情別人方才看得出，文公說：『從此再沒有人害我的了。』子玉一死，等於晉國再得到一次勝利，而楚國再遭遇一場失敗；楚國從此而不振，不能與諸侯爭強。這次戰敗，也許是上天來大大警告晉國，如果再殺主帥林父，等於又讓楚國獲得一場勝利，這不啻讓晉國久久不能強盛，與諸侯爭勝嗎？

林父為君王做事，上朝時就想如何盡忠職守，回家後就想如何彌補過失，是捍衛國家的好漢子，為什麼殺掉他呢？他這次失敗，只像日蝕、月蝕一樣，雖暫時失去光明，但對於日月的光明會有什麼樣的損失呢？」

晉景公於是下令讓荀林父恢復原來的職位。

宋國與楚國講和

宣公十四年（西元前五九五）

楚莊王差遣申無畏出使齊國，並交代申無畏說：

「不要向宋國借路。」

同時差遣公子馮出使晉國，也交代公子馮不要向鄭國借路。春秋時代，諸侯各國的使節經過他國的國境必須借路，今楚使經過宋、鄭二國而不借境，表示對宋、鄭兩國的輕視，含有挑釁的意味。

申無畏過去因宋昭公引導楚穆王在孟諸澤（在今河南省商邱縣東北）打獵時有過不快，對宋國很厭惡，說：

「鄭國人的頭腦清楚，宋國人見事不明；出使晉國的使者不會有難，我則一定被殺害。」

楚莊王說：

「如果宋國殺害了你，我一定率兵討伐宋國，為你報仇。」

申無畏把兒子申犀託付了楚莊王才走。

申無畏經過宋國，就被宋人留止了。

宋大夫華元說：

「路過我們國境而不借路，這分明是把我國領土當作楚國邊邑。把我們國土當作他們邊邑，這就跟我們亡國了一樣。殺了楚國的使者，楚國一定來討伐我們。討伐我們，大不了亡國。不管怎麼樣亡國，都是一樣亡國。」於是殺了申無畏。

楚莊王聽到宋國殺了他們使者，非常震怒，甩了袖子站起來，沒穿鞋、沒帶劍、沒乘車，急速而走。左右捧鞋的人追到宮中走道，才給楚莊王穿上鞋；左右捧劍的人，追到國君後宮的殿門，才給楚莊王佩上劍；駕車的人追到蒲胥的市場，才趕上楚莊王讓他乘車。秋天，九月，楚莊王率兵討伐宋國。

宣公十五年（西元前五九四）

宋國命令樂嬰齊到晉國報告宋國的緊急。晉景公想要立刻救宋，晉大夫伯宗說：

「不可以！古人曾說過：『雖然鞭子夠長，但不宜打馬肚子。』現在是上天讓楚國走

運的時候，不可和它相爭鬥勝；雖然我們晉國很強盛，但能夠違背上天嗎？俗話說：『遇事該伸該屈，心裡應該有數。』河川水澤容納濁物汙穢，山林草莽包藏毒蟲猛獸，瑾瑜美玉隱匿斑駁瑕疵；做國君元首忍受欺凌羞辱：這是自然的道理。尚請君王稍等一段時間去援救。」於是晉景公下令停止發兵。

晉國派遣解揚出使宋國，告訴宋國說：

「晉國軍隊已經全部動員，不久就會到達宋國。」好使宋國不向楚國投降。

解揚途經鄭國，為鄭國人所截獲；鄭國人把解揚押送到楚國，獻給楚國。楚莊王厚厚賄賂了解揚，要他去說晉國不援救宋國的反話，但他不答應；楚莊王再三強迫他，他才答應了。於是，讓他登上了攻城用的樓車（有一點像今天的有雲梯的救火車），使他在樓車頂上大聲疾呼地告訴宋國人，晉國不來援救，但他沒有遵守對楚莊王的承諾，他完成了晉景公付予他的使命，告訴宋國人晉軍就快到了。

楚莊王很生氣而想殺掉他，派人對他說：

「你曾答應我（楚莊王），卻背叛了我，這是什麼道理？不是我不守信用，而是你自己不守信用，我立刻就要行刑，將你正法。」

解揚回答說：

「臣聽說：君主能夠制定正確的命令才是正義，臣能夠承擔正確的使命才是誠信。誠

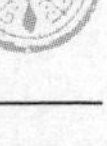

信要合於正義的原則去作，才是國家的利益。為國出謀定計，要保衛國家的安全，而不損害人民的利益，這才真是人民的君主。一件合乎正義的事情，沒有正反皆可的誠信；一件誠信的行為，也沒兩個相反的命令。一個君主賄賂臣子變節，是不知道什麼才是正義的命令。我受我國君主的命令出使於外，寧死也不放棄我國君主交付我的使命，這哪是可以賄賂的？臣之所以答應貴國的條件，是想藉此來完成我國君主交予我的命令；我雖死但完成我國君主的使命，臣認為這是臣的福氣。我們晉國君主有誠信之臣，臣能夠完成使命；就是死了，又有什麼遺憾呢？」

楚莊王終於放了解揚，讓他回國。

夏天，五月，楚軍準備離開宋國的時候，申犀在楚莊王的馬前稽首說：

「先父明明知道出使齊國經過宋國是很危險的，若被宋國人截獲是會性命不保的，但先父還是不敢不聽國君的命令，冒著生命危險去達成使命。況且國君也答應先父，若先父遇害，就帶兵討伐，為先父報仇。如今國君失言背信！」

楚莊王不能回話，正在駕車的申叔時提個建議說：

「就在此地建築房屋，並把因戰爭逃亡的農夫找回來，表示楚軍打算在此地久居；如此，宋國一定聽楚國的命令。」

於是，楚莊王就照著申叔時的辦法去做。

果然，宋國人感到恐慌，就讓華元探知楚軍的虛實，在黑夜中混入楚軍的軍營，摸進楚軍的右軍將子反的營帳，把子反弄醒，用兵器挾持子反說：

「我受我國君主差使，讓我把宋國的困苦景象告訴你。我們宋國已經到了交換兒子來吃、劈砍骨骸當柴火來煮東西的地步。雖然，我們宋國如此困苦，但硬逼我們低頭，向楚軍投降，訂立降約，是辦不到的。如果楚軍後撤三十里，解我們之圍，那麼一切都好商量。」

子反一方面受華元的挾持，心感害怕；一方面對於宋國人到了「互相交換兒子來吃、劈砍骨骸當柴火來燒的情景，仍然不屈服」，也感到害怕；於是就先私下和華元訂立盟約；然後向楚莊王報告，楚國於是退兵三十里。

等到宋國和楚國簽訂和平盟約，華元被宋國派到楚國當人質。盟約上說：

「我不詐騙你，你也不必顧忌我。」

齊、晉鞌（ㄢ ān）之戰

成公二年（西元前五八九）

魯成公二年春天，齊頃公帶兵攻伐魯國北邊，包圍了龍（在今山東省泰安縣東南龍鄉）。齊頃公的寵幸盧蒲就魁攻打城門，龍人把他活捉了。

齊頃公告訴龍人說：

「你們不要殺他，我可以跟你們訂立盟約，我們軍隊不進入你們的境內。」

但是龍人不理會齊頃公的要求，把盧蒲就魁殺了，並陳屍於城牆上。齊頃公親擊戰鼓，指揮作戰，齊國戰士爬上城牆，經過三天就攻下龍城，於是揮軍南下，侵略到巢丘（在今山東省泰安縣西南）。

衛定公派遣大夫孫良夫、石稷、甯相、向禽率領軍隊侵略齊國，在途中遇到齊國軍隊。石稷主張退兵，孫良夫說：

「不可以退兵。率領軍隊攻打旁國，在路途上遇到他們的軍隊就退卻不前，班師回國，將怎麼對君主交代呢？假若認為打不勝旁人，那麼就不要率兵出國。今天既然遇到了旁國的軍隊，索性就跟他們戰一場吧！」

夏天，四月三十日，衛國軍隊和齊國軍隊在新築（在今山東省觀城縣）大戰。

石稷衛國對孫良夫說：

「我們的軍隊戰敗了。您要不稍等一等，恐怕就會全軍覆沒！您喪失了兵眾，如何去復命呢！」大家都沒作聲。

石稷又對孫良夫說：

「您是國卿，如果損失了您，可就是我們衛國的大屈辱。您帶領軍隊撤退，我留在這裡抵擋他們！」並且向衛軍宣布，救援的兵車來得很多。

於是齊國軍隊停止進攻，在鞫（ㄐㄩˊ jú）居鞫革（在今山東省朝城縣內）駐紮。

新築（在今山東省觀城縣）人仲叔于奚救了孫良夫，孫良夫因此免於難。後來，衛國人賞城邑給他，他辭退了。仲叔于奚請求衛君把曲縣（諸侯所用的樂器）和繁纓（諸侯所用的馬飾）賞賜給他，允許他帶曲縣和繁纓上朝，衛君答應他的請求。

孔子在後來聽到了這件事情，說道：

「可惜！可惜！不如多賜給他一些城邑！禮用器物與爵位名號這二種東西不可隨便賜給人，這兩種東西是一國君主所掌管的。爵位名號是用來使人民信賴的象徵，得到人民信賴才保得住禮用器物，禮用器物之中就含藏社會的禮法規範，禮法規範能使人做事合宜，做事合宜就能產生利益，治理人民主要就是為人民謀利，因此，為民謀利是治理人民最好的方法。禮用器物和爵位名號是政治上重大的關鍵。假如隨隨便便把禮用器物和爵位名號賜與給人，就等於把政權交出去一樣。一旦政權喪失，國家也會跟著亡了，到時候就無法挽救了。」

孫良夫回到新築，不進城，而直接往晉國求救兵。魯國大夫臧許也往晉國求救兵。他們全都住在郤克家中。晉景公答應派出七百輛兵車。

郤克說：

「七百輛兵車是城濮之戰的兵車數目。由於有先君文公的英明領導，和先大夫先軫、狐偃等人的才能卓越，所以才能打勝仗。我郤克比起先大夫們，簡直是做他們聽差的都不配。」於是郤克向晉景公請求派遣八百輛兵車，晉景公同意。

郤克統率中軍，士燮統率上軍，欒書統率下軍，韓厥為司馬，去援救魯、衛二國。臧許迎接晉軍，並為晉軍做嚮導。魯國大夫季行率領魯軍和晉軍會合。到達衛國的時候，韓

厥將要殺人，郤克知道後，立刻趕往去營救，趕到的時候，韓厥已經把人給殺了。郤克很快差人把死屍拿出去示眾，然後郤克告訴他的僕人說：

「我這麼做的原因，是要和韓厥共同負起殺人的責任，不要讓韓厥獨受殺人的誹謗。」

晉軍在莘（在今山東省莘縣）追蹤到齊國的軍隊。

六月十七日，晉軍追到靡笄（ㄐㄧ jī）山（在今山東省歷城縣南十里，或謂即千佛山）下。齊頃公差人去請戰說：

「你們用你們國君的軍隊來侮辱我們齊國，我們齊國顧不得只有為數不多而又疲憊的軍隊，請求明天一早和你們晉國軍隊見面。」

郤克答道：

「晉國和魯、衛二國是兄弟之國。魯、衛二國的使者向晉國求救說：『齊國經常跑到我們的國土上來找我們出氣。』我們晉國國君不忍魯、衛二國受欺，就派遣我們向齊國請求不要找魯、衛二國的麻煩，也告訴我們不要讓晉國軍隊久留在齊國的土地上，既向齊國進兵，就不能退，不需要你們齊國國君的吩咐了。」

於是，齊頃公也答話了：

「晉國的諸大夫同意與齊國作戰，正合我的願望。即使他們不同意和我們作戰，我們也要跟他們一戰。」

齊國大夫高固馳入晉國軍營中，舉起石頭來投人，擒住了一個晉國兵士，捉上他的兵車，車後繫了一棵桑樹，回到自己的營壘向齊國兵士炫耀示威，並說道：

「誰需要勇氣，可以買我剩餘的勇氣。」

六月十八日，齊國與晉國的軍隊在鞌（在今山東省歷城西十里）擺開陣勢。齊國大夫邴夏為齊頃公駕車，另一齊國大夫逢丑父為齊頃公的車右。晉國則以郤克為主帥，解張替他駕車，鄭丘緩為他車右。

齊頃公說：

「我姑且先翦滅這些晉國軍隊，然後再吃早飯。」不給馬披上甲，而使勁驅馬前進。郤克被箭射傷，血一直流到鞋子上，仍然擊鼓不息。郤克道：

「我傷受得很重了……」

駕車的解張說：

「從一開始交戰，箭射進了我的手，一直穿到我的手肘；我把箭折斷繼續來駕車，左邊的車輪都已染成了深紅色。我哪敢說我傷受得很重？您還是忍耐忍耐吧……」

鄭丘緩說：

「自一開始交戰，假如車遇到了泥濘或陷阱，我一定下去推車。您難道知道這些嗎！但是，您真是受重傷了。」

解張說：

「我們這輛車的旗鼓是晉國軍隊的耳目，整個晉國軍隊的進退，都依靠我們這輛中軍車的旗幟和鼓聲，作為進退的標誌。我們這輛中軍車一人鎮守著，可以成事。怎能夠因為受傷而敗壞了國君的大事呢？當穿上鎧甲，拿起武器時，就已抱定必死的決心；雖然身體受傷，但還沒死，就得請您勉強的去作吧！」

這時解張左手把著轡，右手拿起鼓槌打鼓，馬向前衝無法停止，整個軍隊也跟著向前衝。齊頃公的軍隊大敗。晉國軍隊追逐齊國軍隊，圍著華不注山（在今山東歷城縣東北）繞了好幾圈。

晉國大夫韓厥夢見他父親對他說：

「早晨要避開兵車左右兩側。」所以韓厥替代了駕車的御，自己在中間駕車去追趕齊頃公。

邴夏說：

「射那個御者，那個御者像個君子人。」

齊頃公說：

「稱他是君子，而又射殺他，不合於禮法。」於是射他車左，車左掉到車下；又射他的車右，車右死在車中。

晉國大夫綦毋（ㄑㄧˊ ㄍㄨㄢˋ qí guàn）張喪失了他的兵車，追趕著韓厥說：「請許我搭您的兵車。」綦毋張想跟在左右，韓厥用手肘去碰他，使他站在自己的後面。韓厥俯下身放穩原在右邊被射倒的人。

逄丑父知道齊頃公可能被擒，所以和齊頃公互換位子。齊頃公的兵車快到華不注山下的華泉時，在外側的一匹馬被樹木絆住了——前一天晚上，逄丑父睡在棚車裡，有一條蛇從下面跑出來，他就用手臂去打蛇，結果手臂受傷，但是逄丑父把傷給隱瞞起來，所以後來不能用手推車——結果給晉國軍隊追到了。

韓厥執著絆馬繩站在齊頃公之前，行了個先拜然後稽首的禮，捧著觴（觴是一種盛酒器）和璧（璧是玉環）去奉獻，並且用一套委婉的外交辭令說道：

「我們的國君派我們群臣為魯、衛兩國請命說：『不要讓我們晉國的軍隊進入貴國的國境』。我這個下臣（在春秋時代下臣是人臣對於別國國君的自謙之辭）真不幸，正巧遇上了你們貴國的軍隊，沒有辦法逃走，沒地方可讓我藏起來，而且怕因為逃走躲避會給兩國國君帶來恥辱，我這個人充當戰士，真是羞辱了戰士。我冒昧地向您稟告，我不是個聰明人，不會辦事，而且我們又缺乏人才，找不到人商量，一切事情都得我一人承擔，為了要履行職責，所以要帶你一道到晉國去。」

由於逄丑父已和齊頃公換了位置而假冒了齊頃公，逄丑父命令齊頃公到華泉去取水來

喝；就乘取水的時刻，齊國臣子鄭周父駕著副車，宛茷（ㄈㄟˋ fèi）為車右，載著齊頃公脫險了。

韓厥把逢丑父獻給郤克，郤克準備把逢丑父給殺了，逢丑父叫道：

「到目前為止，還沒有人能替代自己國君患難的，假如現在有了一個了，他將要被殺掉嗎？」

郤克想了想說：

「有人不怕自己身死而解救了他的國君；我把這種人殺了是不吉祥的事。赦免作這種事的人，來鼓勵忠心為國君謀事的人。」因而，赦免了逢丑父。

齊頃公免難之後，三次衝入晉軍，三次殺出重圍，尋找逢丑父的下落。每當殺出重圍之後，必整頓隊伍，鼓勵那些潰敗的隊伍。齊頃公帶人衝入晉國帶來的狄人的隊伍，狄人的兵士拿出盾牌來遮攔。頃公帶領齊軍又衝入衛國的隊伍，衛國人不敢傷害他們。於是從徐關（在今山東省臨淄縣西）進入齊國。

頃公看見齊國把守各個城邑的人說道：

「好好守關吧！我們齊國的軍隊潰敗了！」

齊頃公的隊伍叫一位在路上的女子讓路，女子問道：

「我們國君倖免於難了嗎？」

回答說：

「我們的國君倖免於難了。」

又問：

「管理兵器的司徒倖免於難了嗎？」

回答道：

「倖免於難了。」女子又說道：

「假如我們國君和我的父親都沒出事，還要怎麼樣呢？」於是就跑走了。

頃公認為那女子先問國君，而後問父親，懂得禮節，然後問在身旁的人，才知道她是辟司徒（主管軍中營壘的官）的妻子，於是把石窌（ㄌㄧㄡˋ liù）（在今山東省長清縣東南三十里石窩村）的地方封給她。

晉國軍隊在後追蹤齊國軍隊，從丘輿（在今山東益都縣界）進入齊國，攻打馬陘（在今山東省益都縣西南）。齊頃公差大夫國佐到晉軍，以古紀國的甗（ㄧㄢˇ yǎn）、玉磬和土地求和。如果晉軍仍不肯退兵，那只有任憑他們吧！

國佐去送賄賂，晉軍不肯答應齊頃公的求和條件，而提出條件說：

「一定要齊國國君的母親蕭同叔子作為人質，同時，齊國國境內的田地的田隴全數都要改成東西走向，以便日後晉國的兵車入齊國國境容易通行。」

國佐回答道：

「蕭同叔子不是別人，正是我們齊國國君的母親；若晉國與齊國是平等的，她也相當於是晉國國君的母親。諸位大夫要是在諸侯各國之中伸張正義，卻認為以齊國國君的母親作人質才靠得住，那麼你們把周天子置於什麼樣的地位。這是以不孝的代價，推使命令。《詩經》上說：『孝子的孝心沒有窮盡，他永遠把孝心傳染給同類。』若以不孝命令諸侯，那不就成了不守道德的同類嗎？先王治理天下土地的時候，按照不同的土地性質，來分布它所生產的作物，以獲得應得的利益；所以《詩經》上說：『我們的疆土，我們來治理，我們的田地，田隴東南迤。』如今你們治理諸侯的土地，卻要田隴全數向東西走向；你們只顧你們兵車行動的方便，而全不顧適不適合土地的性質，那不是否定先王的遺命了嗎？反逆先王的制度就是不義，那怎麼能做盟主呢？這樣一來，晉國就有過失了。禹、湯、周文王、周武王，四王所以能夠推行王政，就是樹立功德，滿足諸侯的共同欲望；夏的昆吾、商的大彭、豕韋、周的齊桓公、晉文公，這五位霸主所以能推行霸政，就是能夠不辭辛勞，安撫其他的諸侯，為天子奔走服役。

如今你們求合併諸侯，以滿足沒有止境的欲望。《詩經》上說：『施行政事，和緩寬大，千百福氣，全來聚集。』你們實在不夠寬大，自己拋棄各種的福祿，這對諸侯又有什麼禍害呢？要是你們不答應求和，我們國君已經吩咐過使者這番話：『由於你們帶領晉國君主的軍隊來侵略我們領土，我們也不顧少量疲敝的士卒，來跟你們晉軍作戰，只因畏懼你們的威勢，我們齊軍已經挫敗了。蒙你們為齊國求福，不消滅齊國的國家，繼續過去的友誼，因此我們不敢愛惜齊國先君的寶器、土地，奉獻給你們作為求和的表示。但是，你們卻不同意。如此，我們只好收集齊國殘餘的軍隊，背城一戰，決定齊國的生死存亡。我們要是僥倖得勝，也不過和你們求和；何況不幸失敗了，那還不是唯命是聽！』」

魯、衛二國勸郤克說：

「齊國怨恨我們，在這次戰役中死亡的，都是齊侯最親近的人。您若是不許齊國人講和，齊國一定更怨恨我們。您究竟是求什麼呢？您得到齊國的國寶，我們得到失地，而解救了我們的國難，這是多麼光采的事情。齊、晉都是天命所歸的強國，哪裡只有晉國是唯一強國。」

於是，晉人同意和齊國講和，對齊國說：

「是應魯、衛二國的請求，我們晉國群臣才帶領兵車和士卒前來援救，如果我們能夠有說辭回復晉君的使命，這是你們齊國國君的恩惠。哪敢不唯命是聽呢？」

魯國大夫禽鄭自魯軍去迎接魯成公。

秋，七月，晉軍和齊國大夫國佐在袁婁（在今山東省淄川縣境內）結盟，晉國並讓齊國把侵占魯國的汶陽（在今山東省泰安縣西南）田地歸還魯國。魯成公在上鄍（在今山

東省陽穀縣內。鄍，音ㄇㄧㄥˊ míng）和晉軍會面，賜給郤克、士燮、欒書三位統帥上卿的正車和上卿的禮服，賜給司馬（主管甲兵的大夫）、司空（主管營壘的大夫）、輿帥（主管兵車的大夫）、候正（主管巡邏哨兵的大夫）、亞旅（沒有專職，可支援任何軍事上的需要）大夫的禮服。

晉國軍隊回國，上軍佐士燮最後進城。士燮的父親士會說：

「你難道不知道我盼望你早些回來嗎？」

士燮回答說：

「軍隊打勝仗回國，國人一定很高興迎接凱旋的軍隊。先進城的人，一定會惹人注意，這樣做就會代統帥受功勳！所以我不敢。」

士會說：

「我這才知你的謙遜行為，可以讓我們家庭免除災禍。」

郤克朝見晉景公，景公問道：

「這次勝利是由於你的力量吧！」

郤克回答說：

「這是君王的訓示和諸大夫的力量，愚臣哪出了什麼力量！」

士燮朝見景公，景公同樣地問士燮，士燮答道：

「我只是聽從荀庚的吩咐，服從郤克的節制而已，愚臣哪出了什麼力量！」

欒書朝見景公，景公也同樣地問他，欒書回答說：

「由於士燮的指揮，將士的用命，我哪有什麼貢獻！」

楚國送晉國的荀罃回國

成公三年（西元前五八八）

晉國送回晉、楚邲之戰被俘的楚公子穀臣和連尹襄老的屍體，去索求晉國大臣荀罃。在這時候荀首做了晉國的中軍佐，荀首不但有能力，而且是荀罃的父親，所以楚國答應了晉國人的請求。

楚共王送荀罃回國時說道：

「你怨恨我嗎？」

荀罃答道：

「二國整軍修武，我沒才能，不能承擔起我的職責，所以戰敗，成了俘虜。貴國當家管事的人沒把我殺了，用我的血去塗鐘鼓，卻放我回晉國接受侮辱。這就是您君的恩惠。

下臣實在沒有才能，還敢怨誰呢？」

楚共王又說：

「既然如此，那麼你感激我嗎？」

荀罃答道：

「你我二國都為自己的國家打算，尋求紓解人民的痛苦，各自都抑止一時的怨恨與怒氣而互相原諒，雙方都釋放了俘虜，來達成友好的關係。晉、楚兩國共締友好，下臣沒有參與其事，我又能感激誰呢？」

楚共王再說：

「你歸國之後，怎麼報答我呢？」

荀罃回答：

「我沒什麼可恨您的，您也沒有什麼值得我感激的，既無怨也無恩，不知道該報答什麼？」

楚共王說：

「雖然這樣，也一定得告訴我怎麼報答我。」

荀罃回答道：

「託您的福，我這個俘虜能夠把這副骨頭帶回晉國，我的國君把我殺掉，我這樣死了將會不朽。如果，託您的福，我的國君沒把我殺掉，而把我賜給我國大臣荀首，荀首向我的國君請求，在宗廟把我給殺了，我這也是死得不朽，死得光榮。假如我的國君不准我父親這樣作，而使我承繼祖宗的職位，按資格擔當軍事職務，而率領軍隊保衛邊疆，雖然是遇到您，我也不敢躲避，我將竭盡我的力量，貢獻出我的生命，而不存其他想法，來盡到作為人臣所應盡的義務，忠於晉國國君即是忠於楚國國君，我用這種方式來報答您。」

於是楚共王說道：

「不可以和晉國相爭了。」

之後，很隆重地給荀罃舉行典禮，送他回國。

夏姬

宣公九年（西元前六〇〇）

陳靈公與大夫公孫寧、儀行父和夏姬私通，他們三人把夏姬的褻衣穿在自己的衣服裡頭，在朝廷上以褻衣為題互相開玩笑。

陳國大夫洩冶諫陳靈公說：

「國君和卿大夫是人民的楷模，如今公然宣揚淫蕩的事情，人民就沒有楷模可以取法。況且，這種事情傳到外國也不好聽，請您把褻衣收藏起來，不要再穿在身上。」

陳靈公說：

「是的，我一定改。」

陳靈公把這件事情告訴了公孫寧和儀行父二人，他們兩人請求靈公允許把洩冶殺了，

陳靈公既不慫恿他倆，也不禁止他倆，於是他倆就殺了洩治。

孔子譏諷地批評說：

「《詩經》上說：『邪辟的時代，不可多管事。』大概是指洩治這種情況而說的吧！」

宣公十年（西元前五九九）

宣公十年，陳靈公和公孫寧、儀行父三人在夏姬家喝酒。

陳靈公對儀行父說：

「夏徵舒（夏姬的兒子）長得像你。」

儀行父說：

「我看夏徵舒長得也像您。」

夏徵舒聽到這些侮辱，很恨他們。陳靈公走出廳堂，夏徵舒從馬廄放箭射殺了陳靈公。公孫寧、儀行父就逃亡到楚國去了。

宣公十一年（西元前五九八）

宣公十一年冬，楚莊王因陳國的夏徵舒弒君，所以出兵討伐陳國，並告訴陳國人民不要吃驚害怕，楚軍是來討伐夏徵舒的。於是楚軍進入陳國，殺了夏徵舒，並在陳國都城（在今河南省淮陽縣）的栗門把夏徵舒車裂了。因此楚國滅了陳國，把陳國改成楚國的一縣。陳成公逃亡晉國。

楚大夫申叔時出使齊國，返回楚國，向楚莊王報告了任務之後，就退朝了。

楚莊王派人去責問他說：

「夏徵舒不守臣道，弒殺了君主。寡人和諸侯一起去征討他，把他殺了。諸侯、縣大夫皆來祝賀寡人，只有你一人不對寡人道賀，是什麼原因？」

申叔時說：

「能讓我講話嗎？」

楚莊王說：

「當然可以，你說吧！」

申叔時說：

「夏徵舒弒殺了他的國君，這種大逆不道，罪是很大的。君王去征討他而殺掉他，這是君王的義行，君王的義舉。但有人說這麼一個故事：『一個人牽了一條牛踏過另外一個人的田地；另一個人就搶下那個人的牛。牽牛去踩踏別人的田地，確實有罪，這一點也不假。但是奪下人家的牛，這種處罰就太重了一點。』諸侯各國響應君王，是因為君王說：『要征討有罪的人。』如今把陳國吞併，成為楚國的一縣，這是貪圖陳國的財富。我們用

討伐陳國之亂的名義號召諸侯興兵跟從我們，結果，我們卻因貪圖財富使各個諸侯班師回國，只怕不可以這樣吧！」

楚莊王說：

「你說得太有道理了！我從前沒聽過這樣的道理。我們把陳國再交回去，可以嗎？」

申叔時說：

「當然可以。我們好比是群小人，我們這麼做，就等於說從人家懷裡扒出東西來，然後再送還人家，但這總比不還人家好得多。」

於是重新分封陳國。從陳國每一個鄉帶回一個人，把這些人安置在一個地方，就命名這個地方叫夏州（在今湖北省漢陽縣北）。

所以《春秋》上寫著：

「楚人入陳，納公孫寧、儀行父於陳。」

這樣記載，是說楚莊王很守禮法。

成公二年（西元前五八九）

在魯宣公十一（西元前五九八）年，楚國討伐陳國之亂，楚莊王就有心收留夏姬，屈巫說：

「不可這麼做。君王號召諸侯征討有罪的夏徵舒，如今卻要貪婪夏姬的美色，而收留夏姬。貪婪美色算得上是淫，淫就會招致大法處罰的。《周書》說：『明德，慎罰。』這是周文王能夠締造周朝的原因。明德就是說要致力於累積德行，慎罰就是說要致力於去掉刑罰。如果招致諸侯興兵，來處罰楚國，這不合慎罰之道。您要好好想一想。」楚莊王於是打消收留夏姬的念頭。

楚國大夫子反也想娶夏姬，屈巫說：

「夏姬是個不祥的女人。她的哥哥鄭靈公被弒，沒留後，使他絕了後；她的丈夫御叔早死；陳靈公因她的關係被殺；她的兒子夏徵舒也是被殺死的；公孫寧和儀行父兩人也因她逃亡國外；陳國因她滅亡。還有比她更不祥的女人嗎？人求活在這個世界上不容易，難道想找死不成？天下漂亮的女人多得很，為什麼一定要娶夏姬？」

於是，子反也就不再想娶夏姬了。

楚莊王就把夏姬配給了連尹襄老。襄老在魯宣公十二（西元前五九七）年，在楚國與晉國的邲之戰中戰死，而沒有找到他的屍體。襄老的兒子黑要和夏姬通姦。

屈巫使人轉告夏姬說：「妳先回到鄭國，然後我下聘禮，正式娶妳為妻。」

又聯絡鄭國，要求鄭國召回夏姬，並對夏姬說：

「襄老的屍體可以得到，但一定要妳自己來迎取才行。」

夏姬把這件事情告訴了楚莊王，莊王就拿這件事情去問屈巫，屈巫回答說：

「這件事可相信。荀罃的父親荀首是晉成公所寵信的人，又是中軍將荀林父的小弟弟；最近荀首又代士燮為中軍佐；荀首與鄭大夫皇戌有交情，他又很愛荀罃這個小孩。晉人一定會找鄭人交還公子穀臣，和連尹襄老的屍體，來求我們交還在邲之戰俘擄的荀罃。邲之戰是因我們圍鄭，晉人救鄭，而和我們發生的戰爭，結果晉人戰敗，鄭國很為這件事苦惱，怕得罪晉國，正想找機會討好晉國，如果晉國找他們做事，鄭國一定會答應做中間人的。」

楚莊王於是遣送夏姬回到鄭國。

夏姬在離開楚國之前，她對送行的人說：

「我要是得不著襄老的屍體，我是不會再回來的。」

屈巫卻暗中把娶夏姬的聘禮送到鄭國，鄭襄公竟然答應了屈巫。

等到楚共王即位（按楚共王即位在魯成公元年，西元前五九〇年），準備與魯國在陽橋（在今山東省泰安縣西南）的戰爭，派遣屈巫出使齊國，告訴齊國出兵的日期。

屈巫把所有的家產全都帶了上路，申叔跪跟他的父親申叔時正往郢都去，在路上遇到了屈巫，申叔跪說：

「奇怪啊！您怎麼一方面現出戰戰兢兢非常沉重的臉色，像是身負軍事重任似的；一

方面卻喜上眉梢，像去赴女朋友約會似的。該是準備偷偷帶著妻子逃跑吧？」

屈巫到達鄭國行過朝聘禮之後，要他的副使代替他把鄭國送給楚國的禮品帶回去，他自己帶夏姬離開鄭國。屈巫本打算逃到齊國去，由於齊國剛剛在鞌地與晉國作戰失敗（按齊、晉鞌之戰在魯成公二年，見前），他說：

「我不居住在作戰不能打勝仗的國家。」

於是，屈巫逃到晉國，靠著郤至的關係，做了晉國的官吏，晉國派他做邢地（在今河南省溫縣東）大夫。

子反得到這消息，十分憤怒，請求楚共王用厚重的禮品送到晉國，去堵塞屈巫做官的路子。

共王說：

「不可如此。他要是只替自己打算，那就太不對了。他要是為我們先君打算，那還會忠於我們的國家。他要能忠，我們國家就能安定了，他的功勞可以掩蓋他很多過失。況且，他對於晉國如果有利，我們雖然送厚重的禮品，晉國會答應我們去杜絕他的仕途嗎？如果他對於晉國沒有用處的話，晉國人就會拋棄他的。我們又何必多此一舉，去杜絕他的仕途呢？」

成公七年（西元前五八四）

當魯宣公十四（西元前五九五）年，楚國圍攻宋國，撤兵回國之後，楚國的公子嬰齊請求把申和呂（申在今河南省南陽縣北，呂在今河南省南陽縣西）兩個地方賞賜給他，楚莊王答應了他的請求。

屈巫出來阻止說：

「不可以這麼做。申和呂兩地方所以成直轄中央的城邑，是要申、呂提供軍費來防衛北方的邊疆。如果把申、呂拿下做為賞田，申、呂就不存在，軍費也無法提供，晉、鄭等北方國家可以直達漢水流域，我們的郢都（在今湖北省江陵縣）岌岌可危了。」於是楚莊王又取消了以前的承諾。

公子嬰齊為這件事對屈巫懷恨在心。子反原要娶夏姬為妻，被屈巫勸止了，但屈巫本人卻娶走了夏姬，逃亡在外，所以子反也對屈巫恨之入骨。到楚共王即位後，公子嬰齊、子反殺掉了屈巫家族的子閻、子蕩、清尹弗忌和連尹襄老的兒子黑要，並且分了他們的家財。公子嬰齊拿了子閻的家財，讓沈尹和王子罷分了子蕩的家財，子反取了黑要和清尹的家財。

屈巫從晉國寫給公子嬰齊和子反一封信，說：

「你們兩人靠著說小話、拍馬屁、貪汙舞弊、心狠手辣起家，為楚王做事，殘殺了很多無罪的人。我一定要使你們疲於奔命地死掉。」

後來，屈巫要求晉國派他出使吳國，晉景公答應了他的請求。吳王壽夢很高興晉國派人出使吳國，這使吳國能和晉國往來。屈巫率領一百人的隊伍前往吳國，這一百人是這樣編制的：一百人稱為一卒，一卒有四個兩，每兩二十五人。當屈巫離開吳國的時候，他留下二十五人組成的一兩的隊伍，和他的弓箭手和駕車的。這些留在吳國的晉國軍人，教導吳國人駕車、射箭、布置作戰的陣式等等作戰的技術和方法；並教導吳國人反叛楚國。屈巫並把他的兒子屈狐庸留在吳國，讓屈狐庸做吳國的行人（行人即今日外交官）。

從此以後，吳國開始攻打楚國、巢國（在今安徽省巢縣東北）、徐國（在今安徽省泗縣北）。公子嬰齊就疲於奔命地抵抗吳軍。

魯成公七年秋天，楚國由公子嬰齊率兵攻伐鄭國。八月楚國正和晉、齊、宋、魯、衛、曹（在今山東省定陶縣）、莒（在今山東省莒縣）、郯（在今山東省郯縣）、杞（在今山東省安邱縣）等國在馬陵（在今河北省大名縣東南）盟會的時候，吳國的軍隊進入州來（在今安徽省鳳台縣），公子嬰齊從鄭國拚命趕回防衛吳國。公子嬰齊、子反於是在一年之間，這樣拚命跑了七趟。一些原來歸屬楚國的蠻夷小國，全被吳國併吞了。

從此之後，吳國慢慢壯大，也才和文化水準高的中原諸侯國有了往來。

晉國歸還楚國鍾儀

成公九年（西元前五八二）

晉景公視察兵器庫的時候，看見了鍾儀，而問道：

「那個戴著南方帽子的囚犯，是什麼人？」

管事的官員回答說：

「是鄭國人獻來的楚囚。」

晉景公命人解開鍾儀的枷鎖，並把鍾儀召來，安慰一番。

鍾儀對景公再三作揖叩頭致謝。景公問他的宗族，他回答說：

「世代是楚國的樂官。」

景公問他：

「能演奏樂器嗎？」

回答說：

「這是先父的職業，我怎敢從事其他的行業！」

景公命人給他一把琴，他奏起南方的音樂。景公問他：

「你們國王的情況怎麼樣？」

他回答說：

「這不是我這個小人物所能知道的。」

景公再三勉強地問，他回答說：

「我們君主，在太子時代，雖然有師保來侍奉他，但他尊卿敬老，早晨去看望令尹公子嬰齊，晚上去看望司馬側（即子反）。其他的事情我就不知道了。」

晉景公把這件事情告訴士燮，士燮說：

「這個楚囚稱得上是位君子。說出他的祖先的職官，這是不背本。演奏故鄉的音樂，這是不忘舊。稱太子，是捨去現在的事情，只說過去的事情，這是無私心的表現。叫出楚國二卿的名，這是尊君的表現。不背本就是仁；不忘舊就是信；無私心就是忠；能尊君就是敏；敏就能通達事理。如果能用仁來承接一件任務，用信來護守一件任務，用忠來完成一件任務，用敏來執行一件任務，即使再大的任務，也一定能夠完成。君王何不送他回

楚，要他完成晉、楚和平相處的任務呢？」

景公聽從了士燮的建議，為鍾儀準備了一份厚禮，送他回楚國，交給他晉國向楚國要求和平相處的任務。

病入膏肓

成公十年（西元前五八一）

晉景公夢見大鬼，披著及地的長髮，一邊用拳頭搥胸，一邊不停地在跳，口中不斷地嚷道：

「你不該枉殺我的孫子趙同、趙括，你不該枉殺我的孫子趙同、趙括。我已向上帝請示過了，上帝已經允許我來報仇了！」

大鬼打壞了宮門和寢門，直走進來。景公感到非常恐怖，就逃進內室之中，大鬼又破窗而入。於是把景公給嚇醒了，景公起身後差人把桑田（在今河南省靈寶縣）地方的巫師找來，想問一問這夢的吉凶。巫師說的如同景公夢的一樣。

景公問道：

「這個夢究竟是吉，還是凶呢？」

巫師答道：

「您大概來不及嘗今年收成的新麥了。」

景公從此就害病了，於是向秦國求醫。秦桓公派遣名醫醫緩為景公治病。醫緩還沒有到晉國，景公夢見他的疾病變成了兩個小人。這兩個小人說：

「醫緩是個好醫生，我們怕他會傷害我們，我們究竟該逃到什麼地方才安全呢？」

其中一個小人說：

「我們要是躲在肓（ㄏㄨㄤ huāng，即胸腹之間的橫膈膜）的上頭，膏（在心臟的下面）的下頭，我看他對我們是沒什麼辦法的！」

醫緩來到，替景公看過病之後，對景公說：

「您的病是沒法醫了！您的病根是在肓的上頭和膏的下頭，用灸法攻治是不可能的，用針法卻又刺不到，吃藥但藥力又達不到。是沒辦法醫了！」

景公稱讚他說：

「醫緩真是一位好醫生。」給他一份厚禮，送他回秦國去了。

六月七日，晉景公想吃剛收成的新麥，命令甸人（管理田地的官）獻上新麥，饋人（為諸侯做飯的廚子）拿新麥去煮。然後，把桑田巫師召來，晉景公把煮好的新麥讓桑田巫師看，然後把巫師殺了，認為巫師胡說八道，說他吃不到今年的新麥。

晉景公正準備吃的時候，感到肚子發脹，就上廁所，不知怎麼搞的掉入糞坑而糊里糊塗地死了。當天有一個小臣在早晨夢見他背著景公登天去了；到中午，他背著景公上廁所。結果就用這個小臣殉葬。

呂相絕秦

成公十一年（西元前五八〇）

魯成公十一年，秦國、晉國為了維持和平，秦、晉二國的國君約訂在令狐（在今山西省猗氏縣西）開會。

晉厲公在會期之前就到了會場；秦桓公卻不肯渡黃河前來相會，他在王城（在今陝西省朝邑縣東）停下來了，派遣大夫史顆和晉厲公在黃河東邊的令狐誓盟訂約。晉厲公也派遣大夫郤犨和秦桓公在黃河西邊的王城誓盟訂約。

晉國大夫士燮說：

「這種盟約有什麼用處？起盟誓就為履行信用。準時參加盟約，是信用的開始。一開始就不赴會，哪能履行什麼承諾？」

秦桓公回國之後，就違背了與晉國的盟約。後來秦又召狄與楚，打算引導他們伐晉。

成公十三年（西元前五七八）

魯成公十三年，夏天，四月五日，晉厲公派遣呂相出使秦國，要和秦國絕交。呂相對秦桓公說：

「自從我們晉獻公和秦穆公是好友以來，共同努力，用盟誓來約束，又以互通婚姻來加強彼此的關係。上天降禍晉國，晉國發生內亂，文公跑到齊國，惠公跑到秦國。不幸獻公去世，秦穆公能不忘過去的友誼，使得我們惠公能夠承嗣大統，登上君位；卻不能功德更滿圓，秦、晉二國在韓（在今陝西省韓城縣）打了一場仗；結果，惠公為秦國所擒，秦穆公也為這事表示遺憾。後來文公所以能安定君位，全仗秦穆公的幫助。

我們文公親自穿戴著甲冑，跋涉高山大河，越踰艱難險阻，率領東方各國的諸侯虞、夏、商、周的子孫，前往秦國朝拜（林堯叟說：當時或有小國諸侯前往朝秦，而未必皆由晉文公之力，這是誇大其辭的說法），則已經報答了秦國過去的恩惠了。鄭國侵犯你們秦國的邊疆（按，這是呂相誣枉秦國的說辭），我文公率領諸侯及秦國的軍隊圍鄭。秦國大夫不肯同我們文公商量，而擅自和鄭國訂立盟約。諸侯各國對於秦國的作法深惡痛絕，準備同秦國拚命（按，當時秦、鄭結盟，對於晉國不利，但也不至引起其他諸侯國與秦國拚

命，這也是外交辭令，也是誇大和扭曲事實的說法）。我們文公感到惶恐，安撫了諸侯各國，使秦國軍隊能全師返回秦國，沒有受到損傷。這是晉國對秦國有莫大的恩惠。

不幸文公去世，秦穆公卻不前來弔問，這是瞧不起我們死去的文公，看輕我們的新君襄公，而侵略我們晉國的殽（在今河南省洛寧縣北。按：魯僖公三十三年，秦國路過晉國而討伐鄭，並沒侵略晉國的殽，這也是誣枉的說法）；秦國同時拒絕和我們晉國友好，攻伐我們晉國的城邑，消滅了滑國的費城（在今河南省偃師縣附近），離散了我們和滑、鄭等國的兄弟關係，擾亂了滑、鄭等國的同盟關係，傾覆了我們的國家。我們的襄公雖然沒有忘記秦國過去接納文公的恩惠，但恐懼國家傾覆，所以跟你們秦國在殽大戰一場。我君襄公還是希望秦穆公能赦免晉國的罪愆，但秦穆公不答應，立刻找楚國共同來算計我們。上天是有眼睛的，楚成王一命歸天，穆公因而不能稱心如願，不能對我們有任何行動。

秦穆公、晉襄公去世之後，秦康公、晉靈公即位。康公的母親是晉獻公的女兒，所以他是我們的外甥，又想削弱我們的公室（公室是諸侯的家族），顛覆我們的國家。支使了我們公室中的害群之馬公子雍來擾亂我們的邊疆（按：呂相在此指公子雍為內奸，而說秦康公有意顛覆晉國，全是片面之辭，不可信）。於是我們晉國又與秦國在令狐（在今山西省猗氏縣西）大戰一場。康公還是不肯悔改，侵入河曲（在今山西省永濟縣東南），攻伐我們的涑川（河水名，發源於山西省聞喜縣，西南流經猗氏縣，在永濟縣入黃河），劫掠我們的王官（在今山西省猗氏縣南），翦滅我們羈馬（在今山西省永濟縣南）。於是我們和秦國有河曲之戰。秦國向東方出使的道路也就無法暢通，這全是因為秦康公斷絕和晉國邦交的緣故。

等到您（指秦桓公）承嗣君位，我君晉景公拉長脖子向西邊看望，說道：『如今秦國會撫恤我們晉國了吧！』您也不肯給晉國恩惠，和晉國締結盟約；乘著我們晉國有狄人為難的時機（按：魯宣公十五年，晉國消滅赤狄、潞氏。滅狄而說有狄人為難，也是故意歪曲事實的話），侵入我們河濱的縣邑，焚燒了箕、郜（箕在今山西省蒲縣東北，郜在今山西省祁縣西），搶去了、損壞了我們的農作物，殺戮了我們邊疆的人民。所以我們在輔氏（在今陝西省朝邑縣西北）聚集民眾，抵抗秦軍。您也對於災禍的擴大感到後悔，而想向您們的先君獻公、穆公求福，派遣伯車出使晉國，命令我君景公說：『我和你同盟結好，丟開仇恨，再恢復過去的友誼，追念先人的功業。』言誓還沒有敲定，盟約還沒有締結，景公就去世了。我新君（晉厲公）因而準備和您在令狐（山西省猗氏縣）會盟，您卻又萌生不善之心，背棄了約定。

白狄和您們同居住在雍州（約當今陝、甘、寧夏境內），是您們的仇人，而與我們有婚姻關係。您來賜命說：『我們共同討伐狄人。』我新君因為畏懼您的威嚴，都顧不了狄人與我們有婚姻的關係，接受了您使者的命令。您卻玩弄兩面手法，反而對狄人說：『晉

國將要討伐你們。』狄人表面上回應了你們的話，實際上卻非常厭惡您們，把這事原原本本告訴了我們晉國。

楚國人也厭惡您們三心二意，反覆無常，也來告訴我們說：『秦國人背棄令狐之盟，卻跑來和我們結盟！明白告訴皇天上帝、秦國的秦穆公、康公、共公和楚國的成王、穆王、莊王，說：「我雖然和晉國有往來，但全基於利害的關係。」我是討厭他沒有誠心，所以把這事說出來，來懲戒那些不能一心一德的人。』諸侯全都聽到了這些話，因此痛心疾首，都來親近我們晉國，我現在率領諸侯來聽秦國之命，求得只是和平友好。您若肯看看諸侯的面子，可憐可憐我這個人，承您的恩寵，和我們締結盟約，那就是我個人的心願。承蒙允許訂盟，我就把諸侯安定下來，然後退去。哪敢動兵，自求禍亂？您如不肯施捨大恩，締結盟約，我這個沒有才能的人，也就無法使諸侯安靜退兵了！

我大膽地把我們的想法和盤向您托出了，好使您仔細權衡輕重利害。」

晉、楚鄢陵之戰

成公十六年（西元前五七五）

魯成公十六年春天，楚共王自武城（在今河南省南陽縣北）派遣公子成，把汝水（在今河南南部）南邊的田地給予鄭國，要求與鄭國締盟。鄭國背叛晉國，派遣公子騆與楚共王在武城（在今河南省南陽縣北）結盟。

因此，晉厲公準備討伐鄭國，士燮阻止說：

「為了逞一時的快意，而興師討伐鄭國是不行的。如果諸侯全都背叛我們晉國，我們或有所戒懼，然後興師，尚無大礙，或許可逞我們的欲望。現在只有鄭國一國背叛我們，卻興師動眾，我們晉國的憂患馬上就來了。」

欒書說：

「不可以在我執政的時候，而喪失諸侯。一定要討伐鄭國。」

於是動員軍隊：欒書率領中軍，士燮作中軍佐，郤錡率領上軍，荀偃作上軍佐，韓厥率領下軍，郤至為新軍佐，荀罃留守，不參加戰鬥。

郤犨（ㄔㄡˊ chóu）往衛國和齊國去求救兵，欒黶（ㄧㄢˇ yǎn）往魯國求救兵。魯國的仲孫蔑說：

「晉國有戰勝的希望。」四月十二日，晉國軍隊出發。

鄭國人聽說晉國發兵來打他們，派遣使者告訴楚國。鄭國大夫姚句耳前往。楚共王派兵救鄭，司馬子反率領中軍，令尹公子嬰齊率領左軍，右尹公子壬夫帶領右軍。

經過申城（在今河南省南陽縣西），子反拜訪楚國告老還鄉的元老申叔時，說：「您看我們的軍隊怎麼樣？」

申叔時回答說：

「德、刑、祥、義、禮、信，這六樣都是作戰的條件。德是用來加惠於人的，刑是用來矯正過失的，祥是用來專心地事奉神祇的，義是用來建立共同利益的，禮是用來順應時宜的，信是用來維持職守的。人民生活富裕，就不為非作歹，所以民德一歸於正。能夠推行共同利益，就須安分守己，所以事事都有節制。一切事物按照時宜去作，不會時序失調，所以就能圓滿達成任務。上下能夠和睦相處，行為沒有失序；而各種器物用品全都具備，各人知道各人的目標、各人的原則。所以《詩經》上說：『治理民眾，就要使他們知道何去何從。』因此，神就會降福，四時也不鬧災害。

人民的生計富厚，就能萬眾一心地聽從命令，也沒有不盡力地去服從命令；甚至犧牲生命，以補救國家的損失。這就是百戰百勝的原因。如今楚國在內是拋棄了它的人民，在外是斷絕了它的友邦；玷辱褻瀆了齋戒盟誓，而又不信守在祭祀時對人民的承諾；違背農忙之時而大動干戈，疲弊人民而達一時之欲。人民不知道什麼該作，什麼不該作，在戰場上前進或後退，都可能獲罪。兵士對於他們開往的地方大都存有顧慮，那麼，誰肯拚死犧牲？你就好好作吧！我不能再看到你了。」

姚句耳先回鄭國，公子騑（ㄈㄟ fēi）問他對於楚國救兵的看法，他回答說：

「他們的軍隊行動很快，經過險要的地方，軍容不整；行軍太快，容易喪失鬥志，軍容不整則會喪失作戰的陣式。一個沒有鬥志，又沒有陣式的軍隊，將要怎麼和人家去作戰？恐怕楚國的軍隊沒有多大的用處。」

五月，晉軍渡過黃河，聽說楚國軍隊就要到了，士燮要掉頭回國，他說：

「我假裝躲避楚軍，這樣就可解除我的顧慮。與諸侯的軍隊交戰，我沒有那麼大的本領；我把這件事讓給有能力的人去作。我若是能夠和睦群臣去事奉君主，這樣子已經很不錯了。」

欒書說：

「不可以。」

六月，晉國與楚國的軍隊在鄢陵（在今河南省鄢陵縣）相遇，士燮不想作戰，郤至說：

「在韓原（今陝西省韓城縣），惠公戰敗，不能整軍而歸；與狄人在箕（在今山西省蒲縣北）的一場戰爭，主帥先軫戰死，不能回朝交代使命；在邲（在今河南省鄭縣東）與楚的戰爭，荀林父出師即敗，不能再和楚軍周旋：這些都是我們晉國的恥辱。你也見到先君成敗的事；今天我們躲避楚軍，又給我們添加恥辱。」

士燮說：

「我們過去的君主屢次作戰，是有他的原因。秦國、狄人、齊國、楚國都是強國，不盡力與他們作戰，將會削弱子孫；現在三強已經臣服我們了，與我們力量相當的，只有一個楚國。只有聖人才能夠做到國內、國外，太平無事，沒有憂慮。假如不是聖人，外邊安定了，裡邊又起是非。何不暫時放過楚國，把楚國當作我們的外敵，我們因而有所戒懼的事呢？」

二十九日的早晨，楚軍逼近晉軍，擺出作戰的陣式。晉軍的官兵都有些害怕，范匄（ㄍㄞˋ gài）走上前來，說：

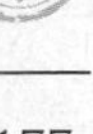

「趕快把井都給填塞，把灶都給剷平，就地排出戰陣；不過，前列的軍隊要疏散開來。晉和楚誰勝誰負只有讓上天決定了！有什麼好怕的呢？」

士燮拿起一柄長戈把范匄趕走，說：

「國家的存亡，聽天由命了，毛頭小子你知道個什麼？」

欒書說：

「楚國的軍隊心浮氣躁。我們只要固守營壘，三日之後，楚軍一定撤退；等他們撤退，我們再作攻擊，一定能夠得勝！」

郤至說道：

「楚國有六個空隙可鑽，不可錯過這六個可乘之機。一是他們的司馬子反和令尹公子嬰齊不和；二是楚人帶領的親兵，年紀都大了；三是鄭國的軍隊雖排開陣式，但軍容不整；四是楚國帶來的蠻人軍隊，還沒排開陣式；五是自古作戰，不在晦日（每月末日）擺開陣式；六是楚軍雖擺下陣式，但行列之間喧譁不止，足見紀律不嚴。楚、鄭、蠻各軍合在一起，加上沒有紀律，各個只顧自己而沒有鬥志，老士卒不一定就是精兵，又犯了上天的忌諱。所以我們一定能打垮他們！」

楚共王登上轈（ㄔㄠˊ cháo）車（轈車是一種高的兵車，車上有眺望台，可以觀察敵人）去眺望晉軍。公子嬰齊派太宰伯州犁在楚共王的左右服侍。楚共王說：「晉國營壘之中，

有人左右跑來跑去，是在幹什麼？」

伯州犁說：

「這是在召集各級軍官。」

楚共王說：

「他們全都聚到中軍那裡去了。」

伯州犁回答說：

「他們在共同商議對策了。」

楚共王說：

「他們陳設帳幕了。」

伯州犁回答說：

「他們誠敬地向他們的先君卜問戰爭的勝負。」

「他們撤除了帳幕。」

伯州犁回答道：

「他們就要發布命令了。」

「他們現在吵得很，而且塵土飛揚。」

伯州犁答道：

「他們在填塞水井，剷平爐灶，準備陣式了。」

「全都上了兵車，左右的人都拿了兵器下來了。」

伯州犁答道：

「士兵在聽主帥的誓師之辭。」

「他們準備打仗嗎？」

伯州犁答道：

「現在還不清楚。」

「他們上了車子，左右又下來，這是怎麼一回事？」

伯州犁答道：

「這是他們戰前向鬼神祈禱。」

由於伯州犁去年因父親伯宗被殺，才投奔楚國，所以對於晉軍的事情知道得很清楚，同時也把晉國軍隊的情況告訴楚共王。

苗賁皇是在魯宣公四（西元前六〇五）年從楚國逃奔晉國的，如今在晉厲公的左右，他把楚共王軍隊的情況告訴了晉厲公。

大家都說：

「楚王的親兵在，而且人數眾多，是很難抵擋的。」

苗賁皇對晉厲公說：

「楚國的精兵只有中軍的王族兵而已，讓我們用精兵攻擊他們的左右兩軍，然後我們集中三軍攻擊楚王的軍隊，一定能大敗他們。」

晉厲公於是占卦卜筮。史官說：

「吉。占到一個，復卦，卦辭說：『南方的國家很窘迫，箭射他們的大王，能夠射中他的眼睛。』國家窘迫，大王受傷，那不是戰敗，那還會是什麼呢？」厲公聽了史官的話。

晉軍前進的途中遇到一個大泥坑，晉軍都從兩旁繞行，避開泥坑。郤毅為晉厲公駕兵車，欒鍼為厲公的車右；彭名為楚共王駕兵車，潘黨為車右；石首為鄭成公駕車，唐苟為車右。欒氏、范氏兩族人的軍隊，兩面夾輔晉厲公的軍隊，排出了陣式，結果陷在泥坑裡了。

欒書想用他的車來載晉厲公，欒鍼說：

「欒書，你退下！國家的大責任，你怎可一手包辦？況且，侵奪別人的職權，是冒犯別人的行為；擅離自己的職守，是怠慢了分內的責任；遠離自己的部下，也是犯錯誤的了。這會造成三種罪過！不可以犯的。」於是把厲公的車輪舉起，推出泥坑。

二十八日，潘黨和養由基用箭射堆積的甲衣。潘黨和養由基一箭可以射穿七層甲衣。他們把射穿的甲衣拿給楚共王去看，並說：

「君王有我們這種臣子二人，出兵打仗，有什麼好顧慮的？」

共王一聽，大怒，說：

「為將之人，只會射箭，沒有謀略，真是國家的恥辱。恐怕你們明天早晨就會死在射箭的技術上。」

魏錡做了一個怪夢，夢見他射月亮，射中了，退下來，卻走入泥淖中。於是魏錡去占一卦。占卦的人說：

「姬姓是太陽，其他的姓是月亮；月亮一定指楚王而言。射中了月亮，退下來卻陷入泥淖，也一定會死。」

開戰之後，魏錡射中楚共王的眼睛。楚共王就把養由基召過來，給他二枝箭，叫他射魏錡。養由基一箭射中魏錡的脖子，魏錡伏在弓套上死了；他拿了剩餘一枝箭去回復楚共王的命令。

郤至三次遇見楚共王的軍隊，他看見楚王一定下車，脫掉盔冑，而風也似地走開（按，這是臣遇見君表示恭敬的行為）。楚共王差遣尹襄贈送他一張弓，並說：

「在戰事緊張的時候，有一位穿著紅色熟皮製的軍服並打綁腿的人，真是一位正人君子，看見了我就趕快離開，不知他受傷了沒有？」

郤至會見來客，脫掉盔冑而接受命令說：

「我郤至是楚君的外邦之臣，跟從我們國君參與這次戰爭。我託楚君的福，賜給我一張大弓，由於我現在穿著甲冑不便拜謝楚君之賜，對於楚君之命是有所不敬，這使我非常不安。因為戰事的緣故，讓我以作揖來答謝使者！」向使者作揖三次，便退下去。

晉軍的下軍統帥韓厥追趕鄭成公，駕車的杜溷（ㄏㄨㄣˋ hùn）羅對韓厥說：

「趕快追上去，鄭君的御者頻頻回頭看，不專心駕馬，可以追得上。」

韓厥說：

「不可以再辱國君。」於是，停下不追了。

晉軍的新軍佐又追鄭成公，他的車右茀翰胡說：

「用輕兵阻擋鄭君的車，我就能登上鄭君的車，而把他俘擄回來。」

郤至說：

「傷害了國君會受到處罰的。」也停了下來。

為鄭成公駕車的石首說：

「衛懿公因為沒有取下旗子，所以在熒澤（在今河南省黃河北岸）附近戰敗。」於是把旗幟裝進弓袋內。

鄭成公的車右唐苟對石首說：

「你留在君王的身旁吧！因為一旦潰敗，我能力不及你，你就帶著君王逃走。讓我留

後抵擋吧！」後來，唐苟戰死。

楚軍被逼於險地。楚國勇士叔山冉對養由基說：

「雖然我們國君有命令，不允許你射箭，但為了國家的緣故，你一定得射！」於是就放箭射敵，箭不虛發，所射盡死。叔山冉捉住晉兵，然後向晉軍扔去，投到了兵車，把車軾撞斷了。於是晉軍停止前進，郤偋擄了楚國公子茷（ㄈㄚˊ fá）。

晉厲公的車右欒鍼看到楚國左軍將公子嬰齊的旗幟，他向晉厲公請求說道：

「楚人說那個旗幟是公子嬰齊的旗幟，那公子嬰齊一定在裡頭。前些時候臣曾出使楚國，當時公子嬰齊問起晉國軍隊作戰有多勇敢，臣曾回答說：『晉國軍隊總是保持軍容整齊，不因戰事緊急而散亂。』又問道：『除此之外，還有什麼特殊的地方？』臣曾回答道：『行軍作戰，一直能夠從容不迫。』如今兩國交兵，不互派外交官，不可以說『整』。事情臨頭，不能兌現過去的承諾，不可以說是『暇』。請你讓我持酒前往楚軍，請公子嬰齊飲酒。」晉厲公同意了他的辦法。

使行人（相當今日的外交官）拿著食物和酒，去拜訪公子嬰齊，說：

「我晉國君主缺乏差使的人，因而任命欒鍼為持矛的車右，隨侍左右，因此他不能前來犒賞您及您的軍隊，所以差使我持酒前來犒賞。」

公子嬰齊說：

「欒鍼曾在楚國和我談過晉軍在戰時好整以暇，必定因此才差使你來的。這表示他沒忘記他所說的話。」

於是他接受了晉國行人的酒。他喝過酒後，送走了晉國的行人，重新擊鼓備戰。從清晨開始，一直到星星出現在天空，兩軍作戰不曾停止。子反下令各級軍官：

「清點受傷的軍士，補充短缺的士兵和兵車，修補戰壞的兵器和甲冑，巡視車馬的狀況，雞一叫就吃飯待命，一切聽從上級命令。」於是，晉軍有些害怕。

苗賁皇號令軍中說：

「檢閱兵車，補充士卒，餵飽馬匹，磨利兵器。整飭隊伍，鞏固陣地，在寢席上吃飯，再禱告求佑；準備明天再戰。」然後放回俘擄的楚人，讓楚軍知道晉軍也有準備。

楚共王聽到了晉國的事情，就召司馬子反共商軍事。子反的小臣穀陽豎獻酒給子反喝，子反喝醉了，不能來見楚共王，共王說：

「上天要打敗楚國！我不可以在這裡坐以待斃！」便連夜逃脫了。

晉軍攻入楚軍的營壘之中，吃了三天楚軍的糧食。士會站在戰馬的前面說：

「國君年紀小，群臣又沒才幹。這是楚國落到這地步的原因。君王應該以這事情為前車之鑑。《周書》上說：『天命是不常的。』這是說有德的人才能享有天命。」

楚軍撤退，到瑕（在今湖北省隨縣西南）地時，楚共王的使者對子反如此說：

「先大夫子玉全軍覆沒的時候，先君成王不在軍中，所以責任就由子玉負擔。這次戰敗，由於我在軍中，所以你沒有什麼責任，罪過都在我身上。」

子反再拜稽首說道：「君王賜我一死，我身雖死，名卻能不朽。實在是臣所統率的軍隊敗潰、逃跑，這是臣的罪過。」

公子嬰齊派遣使者這樣對子反說：

「當初在城濮戰敗的子玉的下場是怎麼樣？我想你也聽說過吧！那你該有怎樣的打算呢！」

子反回公子嬰齊使者的話，說：

「即使沒有我國先大夫子玉的事情，您既以大義相責，我怎能不義而偷生呢？」

楚共王派使者阻止這件事，在楚共王的使者來到之前，子反已經自殺了。

祁奚推薦賢人

襄公三年（西元前五七〇）

晉國的中軍尉（中軍尉，官名，是中軍的軍尉）告老，請求退休，晉悼公向祁奚問接替中軍尉職務的人，祁奚稱許解狐——解狐是祁奚的仇敵。將要任命解狐的時候，解狐卻死了。晉悼公又要祁奚推薦人，他說：

「我的兒子祁午可接替。」在這個時候中軍尉佐（中軍尉佐即副中軍尉）羊舌職死了。晉悼公問祁奚：

「誰可以接替羊舌職的位子？」

他回答道：

「羊舌職的兒子羊舌赤可接替。」

於是，晉悼公任命祁午為中軍尉，羊舌赤為中軍尉佐來協助祁午。

君子認為祁奚既能推薦有德、又能推薦有才的賢者。認為他稱讚他的仇敵，不算是諂媚；提拔他的兒子，不算是庇私；推薦他的部屬，不算是結黨。

《商書》有句話：

「不偏自己的親人，不袒護自己的同黨，國家的政治才能開闊平坦。」

這大概可用傳說祁奚這樣的事吧！解狐、祁午、羊舌赤三人都得到了任命，立一個中軍尉而三件好事作成，就是由於推舉得人。正因為他本人是個賢人，所以才能推薦他的同類。

《詩經》上有句詩：「只因為他本身具備才德，所以才能推舉像他一樣有才德的人。」

祁奚真是兼具才德的人。

崔杼弒殺齊莊公

襄公二十五年（西元前五四八）

齊國棠邑（在今山東省棠邑縣）大夫的妻子是東郭偃的姊姊棠姜。東郭偃是崔杼的家臣。棠邑大夫去世，東郭偃為崔杼駕車去弔問棠邑大夫的死；崔杼看見棠姜，覺得她非常漂亮，就讓東郭偃為他把棠姜娶過來作妻子。

東郭偃說：

「男子娶妻，一定要分辨男女兩方是不是同姓，同姓是不能結婚的。你出自齊丁公，我出自齊桓公，我們兩家同姓，不能結婚的。」崔杼不管這套道理，於是去卜筮，占問可不可以結婚，結果占卜遇到由「澤☱、水☵、困䷮」的困卦，變成「澤☱、風☴、大過䷛」的大過卦。

史官都異口同聲地說：「吉。」

崔杼把這兩卦拿給陳文子看。

陳文子說：

「『澤、水、困』的困卦變成『澤、風、大過』的大過卦，是『水☵』變成了『風☴』，風能吹落萬物，作丈夫的也能被吹落，所以棠姜這個女人不可娶為妻。況且困卦六三的爻辭說：『困于石，據于蒺藜（是一種生在海濱沙地的小草，夏天開小黃花，果實上有刺），入于其宮，不見其妻，凶。』『困于石』是說困在大石頭上，去也去不成。『據于蒺藜』，這是說依在蒺藜上，蒺藜上有刺，為刺所傷。『入于其宮，不見其妻，凶』，這是說回到屋子裡，妻子跑了，看不見妻子。妻子跑了，家也就不成為家，沒有地方安身立命，自然就是凶了。」

崔杼說：

「那個寡婦對我會有什麼禍害！她的前任丈夫全替我頂了。」崔杼終於把棠姜娶為妻子。

後來，齊莊公與棠姜私通，常常到崔杼的家去。齊莊公拿崔杼的帽子賞賜給人，莊公的侍者說：

「不可以拿崔子的帽子賜人。」

齊莊公強辭奪理地說：

「誰會知道這是崔杼的帽子？難道只有崔杼才有帽子？別人就沒有帽子？」崔杼因這些事情對齊莊公懷恨在心。

齊莊公曾在二年前乘晉國有欒盈的內亂而攻伐晉國，崔杼就利用這件事來嚇唬齊國人，說：

「晉國一定會找齊國報仇的。」

他又想殺掉齊莊公去討好晉國，但是找不到機會。有一天，莊公因細故用鞭子把名叫賈舉的僕人給抽了一頓；不久，莊公又親倖賈舉。賈舉就為崔杼效力，窺伺莊公，為崔杼尋找時機。

魯襄公二十五年夏天五月，莒國因為二年之前在且于（在今山東省莒縣境內）與齊作戰失敗，所以莒黎比公君前來朝見齊莊公。五月十六日，齊莊公在齊國都北城饗宴莒黎比公，崔杼身為執政大夫，應當陪同國君參加饗宴，但他卻稱說有病，而不參加饗宴。

十七日，齊莊公去探望崔杼的病，想借機親近棠姜。棠姜見莊公到來，就走入內室，而與崔杼從內室側門走出去。莊公走入崔杼家的廳堂之後，拍著梁柱唱將起來，暗示棠姜他已經到了。僕人賈舉就讓莊公的衛士和跟班止步，把他們留在門外，然後他自己進門再把門關上。於是，崔杼埋伏的武士出現，威脅莊公。莊公爬上高台，請求他們饒命，這些武

士不答應；莊公請求和他們盟誓，他們不答應；莊公請求他們讓他在宗廟之前自殺，他們還是不答應；他們共同說：

「國君的大臣崔杼生病了，不能夠親自聽從國君的命令，我們又認不得誰是國君；況且這裡和國君的宮室很近，我們尤當嚴防姦盜。我們這些陪臣只知道巡邏捕捉姦淫之輩，不知道還有其他的命令。」

莊公想爬牆逃脫，有人放箭射殺。莊公的屁股中箭，就從牆上摔下來，於是那些武士一擁而上，把他殺了。

在一場混戰中齊莊公的八名勇士賈舉、州綽、邴師、公孫敖、封具、鐸父、襄伊、僂（ㄌㄡˊ lóu）堙全都戰死。祝佗（ㄊㄨㄛˊ tuó）父受莊公之命前往高唐（在今山東省禹城縣西四十里）的宗廟祭祀，他辦完了差事，立刻回程復命，還沒脫下祭服，就死在崔杼的手下。

申蒯（ㄎㄨㄞˇ kuǎi）是掌管漁業的官，退朝回家之後，對他的家宰說：

「你因為有妻有子，就算了吧！我將為君殉難。」

他的家宰說：

「我要是倖免於難，這和你死君之義，背道而馳，我可不幹。」於是他們兩人一起赴難。

崔杼又把齊莊公的母黨平陰（在今山東省平陰縣東北三十五里）大夫鬷（ㄗㄨㄥ zōng）蔑殺了，以除後患。

晏嬰聽說齊莊公有難，於是趕快跑來，他站在崔杼家的大門外。他左右的人問說：

「要不要為君殉難？」

晏嬰說：

「要是他以國士對待我，我就會為他殉難；他並不以國士對待我，我為什麼為他殉難呢？」

他們又問說：

「那麼你要逃亡嗎？」

晏嬰說：

「我要是有罪的話，那我該逃亡。我又沒有罪，我幹嘛要逃亡？」

他們又問：

「那麼，我們回家去吧！」

晏嬰說：

「國君死了，我可以歸到什麼地方去呢？一個做國君的，哪裡只是騎在人民的頭上，頤指氣使，作威作福；一個作國君的，處處要為人民、為國家著想。一個做國家的官吏的，哪裡只為吃辣的、喝甜的、穿綾羅綢緞、住雕梁畫棟；一個做官吏的，要關心人民的衣、食、住、行，要注意人民的風俗教化。所以一個國君為國家犧牲，那麼做官吏的也就

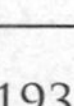

同時要為國家犧牲；一個國君為國家而逃亡他國暫時避難，那麼做官吏的也就同時要為國家逃亡他國暫時避難。假如一個國君為他個人的利益或行為而死，為他個人的利益或行為而逃亡，除了他所暱愛或親倖的人之外，其他的就不該殉難和逃亡的。況且，有人忍心殺了他自己的國君，我現在怎麼可以殉難？我現在怎麼可以逃亡？我現在能到什麼地方去呢？」

等到大門打開，晏嬰就進去了，晏嬰抱起莊公的屍體，放在自己的大腿上，大哭起來，然後站起來向上跳了三跳，完成哭問君死的禮節之後，方才離開崔杼的家。

大家都說崔杼一定會殺了晏嬰。崔杼說：

「他是人民心目中所景仰的人，放了他可以贏得民心。」齊莊公的黨羽盧蒲癸逃亡到晉國去，王何逃亡到莒國去。

魯成公十六（西元前五七五）年，魯國的叔孫僑如逃亡到齊國，等到叔孫回魯國的時候，把他的女兒送給了齊靈公，叔孫的女兒得到靈公的寵愛，她所生一子就是被崔杼立為君的齊景公。崔杼立齊景公之後，以自己為相，以慶封為左相。崔、慶兩人與齊國國人在齊太公的廟前盟誓。他倆說：

「要是有人不參與我們崔、慶兩人一夥的……」

沒等他們的話說完，晏嬰便打斷了他們的話，仰天而長嘆地說道：

「我晏嬰要是有不忠於國君、不利於國家的事情，有老天爺的神明在上。」

說完了就歃（ㄕㄚˋ shà）血定盟（按：崔、慶兩人原來的誓辭當是這樣的：要有人不參與我們崔、慶一夥的，有老天爺的神明在上。經晏嬰這麼一攪和，崔、慶二人之計就不得逞。）五月二十三日齊景公率領大夫與莒黎比公定盟。

太史書寫著：

「崔杼弒殺了他的國君。」

崔杼為此把齊太史殺了。齊太史的二個弟弟一個接著一個寫：

「崔杼弒殺了他的國君。」

他們也一個接著一個被殺。他們的另一個弟弟又同樣地寫，崔杼終於饒了他的性命。

南史氏聽說太史全都犧牲了，於是拿著竹簡前往齊國都城；走在路上，又聽到這件弒殺國君的事情已經書寫傳下來，於是轉頭回去了。

向戌弭兵

襄公二十七年（西元前五四六）

宋國大夫向戌與晉國的當權大夫趙武有交情，與楚國的令尹屈建也有交情；他想使諸侯各國停止戰爭，締結國際和平條約，來博得聲譽。於是，向戌到晉國，把他的計劃告訴了趙武。趙武就和晉國大夫共同討論向戌的國際和平計劃。

晉國大夫韓起說：

「戰爭是件殘害老百姓的事情，同時也是消耗國家財富的害蟲，和小國的大災難。如果有人想停止國際之間的戰爭，雖然不一定能辦得到，但是一定要答應他。假如我們不答應停止戰爭，楚國人一定會答應的，楚國就會以停止戰爭去號召諸侯，那麼我國就會失掉諸侯盟主的地位。」

於是，晉國答應停止戰爭，締結和約。然後，向戌前往楚國，楚國也答應他停止戰爭的計劃。然後，向戌前往齊國，齊國人卻有些為難。

齊國大夫陳文子說：

「晉國和楚國都答應了，我們怎可不答應呢？何況人家是號召停止戰爭，而我們卻不答應；我們不答應停止戰爭，人民一定會背棄我們的。我們何必要這麼做呢？」齊國人也答應了。

然後，向戌告訴秦國，秦國人也答應了。於是，遍告所有小國，在宋國舉行會盟。

魯襄公二十七年五月二十八日，晉國的趙武到達宋國；三十日，鄭國大夫良霄到達宋國。六月初一，宋國宴請趙武，羊舌肸（ㄒㄧˋ xì）為副使。宋國司馬把割好的肉放在盤子裡，這是合於禮的。

孔子曾經叫他的學生記載這一次宴會的事情，因為他們賓主之間對答的言辭豐富。初二，魯國的叔孫豹、齊國的慶封、陳文子、衛國的石悼子來到宋國。初八，晉國的荀盈不是接受晉國國君的命令，而是接受趙武的命令來到宋國。初十，邾悼公到達。十六日，楚國的公子黑肱先到，與晉國先達成了和平條約的內容。

二十一日，宋國向戌到達陳國，就教於楚國令尹屈建，和楚國先達成了和平條約的內容。二十二日，滕成公至。屈建告訴向戌，要求晉國的同盟國和楚國的同盟國，要互相輪流朝見晉國和楚國。

二十四日，向戌就把屈建的意思轉達給趙武，趙武說：

「晉國、楚國、齊國、秦國是四個平等的大國，晉國不能支配齊國，就像楚國不能支配秦國。楚國國君假如能夠使秦國國君來我們晉國朝見，我們國君怎敢不再三請求齊國國君去朝見楚國。」

二十六日，向戌把趙武的話轉達了屈建，屈建就派出驛車報告給楚康王。楚康王回答說：

「不管齊國和秦國，別的同盟國要互相輪流朝見。」

秋天七月初三，向戌從陳國回到宋國。就在這一天晚上，晉國趙武和楚國公子黑肱訂好了盟誓，到時候不再爭訟。初五，屈建從陳國到達宋國，陳國大夫孔奐、蔡國大夫公孫歸生也同時到達。接著，曹國、許國的大夫也都來到。各國的使者，都以籬笆替代營壘，駐紮下來；晉國使者在北，楚國使者在南。

晉國大夫荀盈對趙武說：

「楚國方面的氣氛很不好，恐怕他們會興兵發難。」

趙武說：

「我們向左邊一轉，就能很快地進入宋國都城，他們能對我們怎麼樣？」

七月六日，準備在宋國都城西門之外舉行盟誓，楚國人把鎧甲穿在衣服裡頭。楚國大夫伯州犁說：

「與諸侯各國的軍隊會合而不守信用，只怕不太好吧！那些諸侯各國仰望我們楚國，信任我們楚國，所以才會歸服我們楚國。假如，我們不守信用，這就是我們拋棄了諸侯相信我們的東西。」

伯州犁再三請求把兵器放了，屈建說：

「晉、楚兩國早就不講誠信，事情只看對我們有利，還是沒利。只要能夠達到我們的目的，管他是有誠信，還是沒誠信？」

伯州犁退下之後，告訴旁人說：

「令尹快死了，看看是活不過三年。一心一意只求達到目的，而不擇手段；居然不顧誠信，拋棄誠信。這樣就能達到目的嗎？一個人的心意用言語來表達，一個人的言語是要表示誠信的，一個人的誠信是要完成心意的，心意、言語、誠信三樣具備，才能安身立命。不守誠信，怎麼能活過三年！」

趙武害怕楚國人把鎧甲穿在外衣裡頭，並把楚國人衣內藏兵刀一事告訴羊舌肸。羊舌肸說：

「這有什麼好怕的？就是一個普通人一旦做出不誠信的事情都不可以，一個普通人做

出不守誠信的事情都沒有不死的。如果，與諸侯各國卿大夫會盟，做出不守誠信的事情，一定不能成功。不守誠信是害不了什麼人的。這不是你要擔心的。用誠信召集大家參加會盟，而卻不以誠信去做，一定得不到旁人的響應和幫助。怎麼能害我們？況且，我們可以借宋國的力量來對付我們的禍害，宋國會拚命為我們出力的。我們和宋國一起拚命，就是對抗楚國也是可以的。您又怕什麼呢？退一步說，即使宋國人不拚命為我們晉國出力，但是，這次是為停止戰爭而召集諸侯會盟，結果，楚國卻興兵來害我們。我們的好處多著呢！這用不著擔心。」

魯國的季孫宿怕叔孫豹不聽他的，就假借魯襄公的命令，派人轉達給叔孫豹說：

「看看邾國和滕國怎麼做！」

不久，齊國要了邾國做為附庸國家，宋國要了滕國做為附庸國家，邾、滕二國就不參加盟會。

叔孫豹說：

「邾、滕二國是人家的附庸國家。我們魯國是一個獨立自立的國家，為什麼要比照邾、滕二國去做呢？宋、衛兩國的國力和我們魯國差不多。」

於是叔孫豹參加盟會。所以在《春秋》一書上，沒有寫下叔孫豹的族姓，說他違背魯襄公命令的緣故。

在會盟那一天，晉國人和楚國人爭著搶先歃血，起誓詛咒。

晉國人說：

「晉國一向都是諸侯的盟主，沒有人能走在晉國的前面。」

楚國人說：

「你們說晉、楚兩國是勢均力敵的同等國家，如是晉國總是先歃血起誓，這表示楚國的力量就弱了。況且，晉、楚兩國輪流主持諸侯會盟的事情，又不是從今天開始，老早就是這樣了，哪裡只由晉國把持會盟。」

羊舌肸對趙武說：

「諸侯歸順晉國是看在晉國的德行上，哪由於晉國主持盟會而歸順。您專心致力於修德行善，不要和楚國浪費氣力爭先搶後。況且，諸侯和小國會盟，一定需要一個主持會盟事務的人，楚國人為晉國辦理一些瑣事細務，有什麼不可以的？」

於是，楚國人先歃血起誓。但是，《春秋》這本書上卻把晉國放在楚國前頭，因為晉國誠信的緣故。

七月七日宋平公同時宴請晉國和楚國的大夫，但以晉國大夫趙武為主客。楚國令尹屈建與趙武交談，趙武常常回不出話。趙武就使羊舌肸坐在旁邊，由羊舌肸與屈建交談，屈建也常回不出話來。

七月十日，宋平公和諸侯各國的大夫在蒙門——宋國國都的東北門——之外會盟。屈建問趙武說：

「士會的人品道德到底怎麼樣？」

趙武說：

「士會把他家族的事情處理得井井有條；士會他個人的事情，樣樣都可以在晉國公開。他的祝官史官祭祀時候，在鬼神前面沒有瞎話。」

屈建回楚國之後，把這些話告訴了楚康王。康王說：

「真了不起，他能夠使鬼神和人民悅服。難怪他能輔佐晉國文公、襄公、靈公、成公、景公五位晉君做諸侯盟主。」

屈建又對楚康王說：

「晉國能成霸主是有原因的。他們有羊舌肸輔佐他們的上卿，楚國找不出人對抗羊舌肸，不可以和他們爭鋒相對。」不久晉國大夫荀盈到楚國，和楚國締結盟約。

鄭簡公在垂隴（在今河南省滎陽縣東）宴請趙武，鄭國大夫子展、良霄、公孫夏、子產、游吉、印段、公孫段隨從鄭簡公參加這次宴會。

趙武說：

「你們七位先生陪同貴國國君參加這次宴會，是特別禮遇我趙武。請各位各朗誦一首

詩來結束貴國國君的宴會；同時，我趙武也可以看看各位的志向。」

子展朗誦〈草蟲〉一詩，趙武說：

「好極了！好極了！可以做人民的主人。但我趙武是擔當不起的。」

良霄朗誦〈鶉之賁〉一詩，趙武說：

「床笫（ㄗˇ zǐ）之間的話過不了門檻的，何況在野外呢？這不是我這個使者所能知道的。」

公孫夏朗誦〈黍苗〉詩的第四章，趙武說：

「我們的國君還在，我怎敢承當？」

子產朗誦〈隰桑〉，趙武說：

「我趙武請求接受這首詩的最後一章。」

游吉朗誦〈野有蔓草〉，趙武說：

「這是您的恩惠。」

印段朗誦〈蟋蟀〉一詩，趙武說：

「好啊！這是保家愛鄉的主人，我對你有期望。」

公孫段朗誦〈桑扈〉一詩，趙武說：

「不驕不傲，萬福將到。如果能牢牢記著這句話，就是想推辭福祿，能辦得到嗎？」

這次饗宴過後，趙武告訴羊舌肸說：

「良霄恐怕會被殺了。詩是表達一個人的心意。他把有誣衊他君上的心意，公然表現出來，在賓客面前，譁眾求榮。他這樣能活得長嗎？只怕不久就會遭殺身之禍了。」

羊舌肸說：

「是的。事情做得太過分了。有句俗話說：『活不過五年。』大概就是指良霄說的吧！」

趙武說：

「其他六人能輔佐好幾位鄭君。子展是最後離開政壇的，他在上位而不忘下位的人民。其次是印段，能夠享樂而不荒淫。用享樂來安定人民的，卻又使人民不越分而且不荒淫。能夠維持長久，有什麼不可以做的事呢？」

事後，宋國大夫向戌向宋平公請求賞賜，說：

「我停止了戰爭，免除人民戰死沙場，想請求賞賜。」

宋平公賞給向戌六十個城邑。向戌就把這個賞賜示給司城樂喜看，樂喜說：

「諸侯中的小國，惟有晉、楚等大國的兵臨城下的威脅，由於懼怕亡國滅家之禍，國內才會互相愛護與上下和諧。因為互相愛護與上下和諧，他們的國家才能夠安定平靜，才會妥善應付大國。這就是小國所以存在的原因。沒有外在的威脅，就會自驕自傲，自驕自傲就會發生亂事，發生亂事就一定滅亡。這才是小國所以滅亡的原因。天生的金、木、

水、火、土五材，樣樣有用，人民一同並用，廢除一樣也辦不到，誰能銷毀兵器，剷除戰爭呢？戰爭的由來已久，戰爭用來威嚇不行常道的國家，而昭明有文德而來的。聖人所以興起，怙惡不悛的人所以消滅，廢興、存亡、昏明的方法，全由戰爭而來的。而您要廢止戰爭，不是有些自欺欺人嗎？用欺騙的方法去蒙蔽諸侯各國，沒有比這更大的罪過了。只要不被繩之以法，就已夠寬大了；而又求賞賜，簡直是貪求無厭。」

樂喜把賜給向戌的賞書扔掉了。於是向戌請辭賞邑，因此，向戌的家族想攻打司城樂喜。向戌說：

「我本來走向毀滅的道路，樂喜他救了我，對我有莫大的恩惠。哪裡可以去攻打他呢？」

君子說：

「那個正人君子，邦國正義之聲。」大概是指樂喜而言吧！

「人家如何擔心我，我接受他的忠告。」大概是說向戌這種情況吧！

吳季札觀樂

襄公二十九年（西元前五四四）

吳公子季札到魯國去報聘，會見了叔孫豹，叔孫豹很喜歡他。於是，他對叔孫豹說：「你大概不能壽終？因為你喜歡廣結善緣，但卻不知選擇哪些人可以交往，哪些人不可以交往。我聽說一個君子就應該仔細選擇人才。你如今是魯國國君的同宗，又是世卿，擔任了魯國的重要職位。如果不謹慎推舉人才，萬一出了什麼差錯，你怎能夠承擔呢？恐怕這樣引起的禍患會牽連到你。」

吳季札請求魯國讓他觀賞周天子的禮樂。魯國就使樂工為他演唱周南、召南二地樂曲。吳季札觀賞之後，評論說：「美極了啊！表現出奠定教化的基礎了，但還沒有到盡善的地步。有點殺伐之聲，體

現出當時的人民工作勤勞而不存怨恨的心情。」

接著又演唱邶（ㄅㄟˋ bèi，在今河南省湯陰縣東南）、鄘（ㄩㄥ yōng，在今河南省新鄉縣西南）、衛（在今河南省淇縣）三地的樂曲，他評論說：

「美極了啊！非常悠揚深遠！表現出人民雖有憂思，並無困阨絕望之感。我聽說衛康叔、衛武公的品德正是這樣。莫非衛國的風氣也是這樣嗎？」

又演唱王地（在今河南省洛陽縣西）的樂曲，他評論說：

「美極了啊！雖有憂思，但無恐懼。莫非是周王室東遷之後的作品嗎？」

再演唱鄭（在今河南省新鄭縣）的樂曲，他評論說：

「唱得美極了！樂曲的音節煩瑣細碎。鄭地的人們大概忍受不了他們政令的細碎煩瑣。莫非鄭國會早日亡國嗎？」

又演唱齊地（在今山東省臨淄縣一帶）的樂曲，他評論說：

「美極了啊？表現出像大風一般宏大的聲音！這種聲音象徵著它可以作東海一帶諸侯的表率，這不是姜太公建立的國家嗎？這個國家的前途是未可限量的。」

又為他演唱豳（ㄅㄧㄣ bīn，在今陝西省邠縣）地的樂曲，季札評論說：

「美極了啊！表現得坦蕩蕩，而不掩飾。雖然歡樂而有節制，不是荒淫無度。莫非是周公東征的詩篇嗎？」

又為他演奏秦（在今陝西省興平縣一帶）地的樂曲。季札評論說：

「這就是夏人的聲調。能唱出夏人的聲調就能有發展。發展到頂點，就能承受周人原來的事業。」

又為季札演唱魏（在今山西省芮城縣一帶）地的樂曲，他評道：

「美極了啊！音節輕飄浮泛。體現出魏地的人民雖然曲意行事，但不失大節；雖然儉嗇褊急，也非頑冥不靈。如果一個君主用德教來輔助這些人，那他一定是個英明的君主。」

又為季札演唱唐（即是春秋時代的晉國）地的樂曲，他聽過後，評論說：

「真是憂慮得深遠！莫非是陶唐氏的遺民吧？不然，怎麼可能憂慮得這麼深遠。若不是有美德者的後裔，誰能夠憂慮得這麼深遠！」

又為季札演唱陳（在今河南省淮陽縣一帶）地的音樂，他說：

「淫聲放蕩，無所畏懼，就像一個國家沒有人治理似的。這種國家的國祚能長久嗎？」

季札對於鄶（ㄎㄨㄞˋ kuài，在今河南省密縣東北）、曹（在今山東省荷澤、定陶一帶）等地的樂曲就沒有評論了。

又為季札演唱小雅的樂曲，他說：

「美極了啊！雖然流露出憂思，卻沒有生背叛之心；雖然有哀怨之情，卻存心仁厚，不忍心指責。莫非是周王庭的功德衰落了，卻仍有先王的遺民存在？」

又為季札演唱大雅，他說：

「真是開廣寬濶！和美融洽！外表柔順，內裡剛勁。莫非是周文王的德行吧？」

為季札演唱頌，他說：「美極了，美到無以復加了！剛勁而不傲慢，柔順而不屈服，緊密而不咄咄逼人，疏遠而不游離，聲音多變而不令人感到過分，曲調反復而不令人厭倦，哀傷而不愁苦，歡樂而不過度。樂調豐富，用之不竭；樂調含蓄有韻味，並不完全顯露；聲音千變萬化，不覺減少，也不見增多。聽聲音像似靜止了，實未停止中斷；聽聲音好像流動不止，卻非泛濫無歸。宮、商、角、徵、羽五音和諧，金、石、絲、竹、匏、土、革、木八種樂器協調一致，各種音調有一定的節拍，各種樂器有一定演奏秩序。這些音樂就像有盛德的人治理國家，天下一樣，有節有度，有為有守。」

看過周文王的樂舞〈象箾（ㄕㄨㄛˋ shuò）〉和〈南籥（ㄩㄝˋ yuè）〉二種舞蹈之後，季札說：

「美極了！但還有缺陷。」

看過周武王的樂舞〈大武〉後，他說：

「美極了！周王廷最興盛的時候，莫非就如此吧！」

看過商湯的樂舞〈韶濩〉，他說：

「聖人真是偉大，但還有缺點，可見聖人處理世變的困難。」

看過夏禹的樂舞大夏後，他說：

「美極了！勤苦為民服務，而不居功。如不是大禹，誰能做得到呢？」

看過舜的〈韶箾〉（此處之箾ㄒㄧㄠ xiāo，與〈象箾〉之「箾」，字形相同，讀音不同）後，他說：

「舜的德行，崇高極了！偉大極了！就像是天覆蓋每一樣東西，就像是地裝載每一件物品，沒有一件遺漏。舜的德行如同天地一樣的崇高偉大，〈韶箾〉的舞和樂也盡善盡美，無以復加了。到這裡就請停止了。即使還有其他的舞樂，我也不想再欣賞了。」

子產相鄭

襄公三十年（西元前五四三）

魯襄公三十年，鄭國罕虎把政權交與子產。子產辭謝不受說道：「我們鄭國土地狹小，又夾在大國中間，受大國逼迫，此外，公族強大，恃寵專橫，是不可以幹的。」

罕虎說：「由我罕虎來率領這些公族聽從你的命令，誰還敢侵犯你的命令！你好好為鄭國當家主政。國家不怕領土小，小國若把大國應付好，國家仍有發展。」

子產在處理政事的時候，有政事要找鄭大夫公孫段去處理，於是賄賂他一塊土地。游吉說：

「鄭國是我們鄭國人的國家，為什麼單單找公孫段辦事就得賄賂他呢？」

子產說：

「一個人沒有慾望是很難的事情。我讓他們滿足他們的慾望，要他們為國家辦事，但一定責成他們把事情辦得圓滿。只要事情能辦成功，別人辦成功了還不等於我辦成功了嗎？為什麼捨不得那塊土地呢？那塊土地能跑到哪裡去呢？還不是我們鄭國的土地。」

游吉問：

「那對四鄰的國家怎麼交代？」

子產說：

「這並不違反鄰國的利益，而是要順從鄰國的利益，四鄰的國家對我們有什麼好怪罪的。鄭國史書上說：『安定國家，一定要先安定大族。』姑且先把大族安定，以觀後效。」

事情辦成之後，公孫段心中害怕，就把土地還給了子產，子產還是把那塊土地給了他。

鄭大夫良霄死後，鄭簡公派太史任命公孫段為卿。公孫段辭謝不受，等到太史回去之後，他卻請求任命他為卿。第二次任命他的時候，他又辭謝不受。前後如此三次，他才接受策命，入朝謝恩。子產因此很討厭公孫段的為人，雖然討厭，但怕他作亂，為了籠絡他，使他居於僅次自己的位置。

子產治理鄭國，使國都和邊境的事物全有規章，上下尊卑各有制度，田地有疆界和溝

渠，農村的房舍和水井有一定的安排。卿大夫中，那些忠貞儉樸的，子產就與他們結交；卿大夫中，那些驕盈侈汰的，就想辦法把他們打倒。豐卷準備祭祀，請求子產允許他打獵去捉捕祭祀用的野獸；子產不允，說：

「只有國君在祭祀時才用新殺的野獸。其他人只要一般的祭品就可以了。」

豐卷很生氣，回家招聚兵卒，準備攻打子產。子產聽到這消息，準備逃奔晉國避難，罕虎勸止子產逃奔避難的打算，而去驅逐豐卷，豐卷逃奔到晉國去了。子產向鄭簡公請求不要沒收豐卷的田地住宅。到了三年，便讓豐卷回國，不但歸還了田地住宅，而且連三年的收入也都給了他。

子產施政的第一年下來，眾人都誹謗他，並唱道：

「子產拿走我們的衣冠，把我們的衣冠儲存起來了。子產拿走我們的田地，把我們的田地重新劃分、安排了。哪一位要去殺子產，我一定幫助他。」

等到三年之後，眾人改口了，大家唱道：

「我們有子弟，子產教孝悌；我們有田地，子產使生利；子產若離去，有誰能承繼？」

襄公三十一年（西元前五四二）

魯襄公三十一年六月，魯襄公去世。襄公去世的那個月，子產陪伴鄭簡公到晉國去。

晉平公因為魯襄公去世的緣故，沒有會見鄭簡公和子產。子產令人把晉國招待外賓的賓館圍牆完全拆毀，然後把自己的車子拉進去。

士匄責備子產說：

「我們國家因為政治刑法不夠修明，盜賊充斥，免不了對於屈尊來拜會我國君主的諸侯使臣有所騷擾，所以派遣官吏修繕外賓所住的賓館。把賓館的大門修得高大，把賓館的圍牆築得堅厚，不讓使節受到盜賊之憂。如今您把館牆拆毀了，雖然您的手下會打仗，能夠戒備，但其他的客人怎麼辦？因為我們晉國是諸侯盟主，所以才修葺垣牆，來招待賓客；假如把垣牆全都毀壞，我們怎麼供應其他國家的需要呢？我們國君讓我士匄來問您拆毀垣牆的原因。」

子產回答說：

「我們鄭國弱小，處於大國之間。大國責求我們貢獻禮物，沒有一定時間，所以我們不敢過安寧的日子，把我國的財富搜索殆盡，拿來朝貢，行聘問之禮。正巧遇上你們晉君沒有空閒，未蒙召見。又沒得到晉君的指示，不知道什麼時候召見我們。因此，我們既不敢把帶來的禮物獻出，又不敢把那些物品暴露在野外。只要把這些東西獻給你們，就是晉君倉庫中的財物；但是不經過外交儀式，我們是不敢上獻的。要是這些物品暴露在野外，又怕雨打日曬把這些物品弄壞了，而來加重我們國家的罪過。我公孫僑聽說晉文公做盟主

的時候，他自己的宮室卑小，又無臺榭，而用來修建高大宏偉的賓館。賓館的房屋，與晉君的寢宮相似，倉庫馬房修得整整齊齊，司空隨時維護道路的路況，水泥工匠按時粉刷賓館的房屋。

諸侯使者來到的時候，負責管理薪火的甸人，在庭院中安置大火把來照明，僕人經常巡視賓館，馬車都有適當地停放，並有專人替代外賓的僕人來做事，又派專人為賓客保養車輛，把油脂塗在車軸上。打雜的、管牛的、管馬的各人照管各人的事；文武百官，各人招待各人的賓客。

晉文公對於外賓，隨到隨見，從不耽擱外賓的時間，而誤了正事。晉文公與外賓同憂同樂，發生問題則予排解，對於外賓不知道的事情，加以教導，對於用度不足的外賓，給予救助。當時，豈只沒有災害，同時不怕盜賊的迫害，也不用顧慮雨打日曬而損壞了物品。如今晉君在銅鞮（在今山西省沁縣南。鞮，音ㄉㄧ dī）的別宮有幾里之大，而安頓諸侯住的賓館就像是奴隸住的房子，大門容不下車子的進出，盜賊公然猖狂做壞事，對於天然災禍全無準備，沒有一定時間接見賓客使節，也不知道究竟什麼時節獲命召見。假如不拆毀垣牆，就沒地方保藏我們帶來的財貨，等到那些財貨損壞時，又罪加好幾等。我想請問您，在貴國當國管事的您到底有什麼指教？雖然你們國君遇到魯君去世；但我們鄭國對於魯君去世也是十分憂慮。如果，您們肯按照外交禮節收下我們獻出的禮品，我們把垣牆修葺完畢就走，這也是你們的施惠。冒昧請您代為通報一聲。」

士匄返回朝廷交差，趙武說：

「子產說的真沒錯。這是我們不對。用像奴隸住的房子去接待諸侯，是我們的過失。」

於是，差使士匄向子產謝罪。

晉平公會見鄭簡公，平公對於簡公禮節加倍恭敬，厚加款待，增強友好關係，然後送簡公回國。並立刻建造外賓的賓館。

晉國賢大夫羊舌肸說：

「語言居然有這樣令人抗拒不了的力量！子產善於言辭，諸侯都沾他的光，晉國立刻修建外賓的賓館。這樣說來，他怎能放棄辯說呢？《詩經》上說：『言辭合情，人民聽從奉行；言辭合理，人民深信不移。』寫這首詩的人，真是認識語言的意義。」

十二月北宮佗為衛襄公相禮到楚國去，因為要履行去年在宋國的盟誓。他們經過鄭國，鄭大夫印段往棐（ㄈㄟˇ fěi）林（在今河南省新鄭縣東南二十五里）去慰勞他們，採用正規外交上所行的聘問之禮接待他們，並向他們致慰勞之辭。北宮佗也行聘問之禮回報鄭國，鄭國的公孫揮為行人，馮簡子和游吉接待客人。一切事情辦理完畢之後，北宮佗回去對衛襄公說：

「鄭國的禮數周到，他們好幾代都有福可享，不會遭受大國的侵略。《詩經》說：『誰

能抓到了燙東西，而不用冷水沖一沖？』禮和政治的關係，就像是抓到燙的東西趕快用冷水沖一沖。冷水是用來救熱的，禮就好比是冷水，禮數周到哪會有什麼災禍？」

子產處理政事的方法，是在於舉用賢人。馮簡子有判斷力，能斷大事。游吉是儀表堂堂、而又富有文采的人。公孫揮熟習國際間各國的動態，對於各國大夫的家族姓氏、祿秩爵位，都知道得清楚，又極會說話。裨諶（ㄆㄧˊ ㄔㄣˊ pí chén）有謀略，在野外靜僻的地方考慮問題，就能找出解決的方法，在熱鬧的都邑考慮問題，就想不出辦法。

鄭國遇到與諸侯發生糾紛與問題，子產就向公孫揮詢問諸侯各國的情況，並要他多準備些對答的辭令；然後與裨諶乘車到鄉野去籌劃應對的各種策略，再告訴馮簡子，請馮簡子來作一選擇和決斷；一切都準備好了，就交給游吉，讓游吉去執行，如此去應對賓客。所以子產的外交很少失敗過。這就是北宮佗說的有禮。

鄭國人在鄉校（鄉校，既是學校，又是鄉人聚會的公共場所）聚會，批評時政。鄭大夫鬷蔑對子產說：

「把鄉校給關閉了，怎麼樣？」

子產說：

「幹嘛要那麼做！鄉校是國人工作完畢、談天休息的地方，在那裡他們可以批評時政的好壞、得失。他們有好評的政治措施，我們繼續作下去；他們風評不好的政治措施，我們趕快改過來，這是我們的老師。為什麼要把鄉校封閉呢？我聽說誠心行善可以減少怨恨；我倒不曾聽過強硬威嚇可以防止怨恨。如果用強硬手段，未嘗不能立刻堵住大家的嘴，但是治理人民就像治理河流一樣：河流大決口所傷害的人一定多，那時候，我們就來不及救人；不如給河流開個小口使它通暢——這就是說不如讓國人的意見隨時發表，我聽到之後把那些批評當作治國的醫藥來使用。」

䰞蔑說：

「我䰞蔑如今才知道您是真有才幹。我不成材。如果真能依您去做事，鄭國全靠您了，豈止我們幾個大臣受用麼？」

孔子聽了這些話，說道：

「從這件事來看，有人說子產沒有仁厚之心，我不相信。」

罕虎想要尹何為自己所食采邑為邑宰。子產說：

「尹何的年紀輕，不知道他能否勝任？」

罕虎說：

「他為人很忠厚，我很喜歡他，我相信他不會背叛我。派他去學習學習，他就更懂得政治的道理。」

子產說：

「這可使不得！大凡一個人喜愛一個人，總是為他所喜愛的人找些利益；現在您喜愛一個人卻要把政事交給他，這像一個還不會使刀的人就讓他用刀去割東西，會帶來很大的傷害的。您喜愛人的結果，只是讓被您所喜愛的人受到傷害罷了！那麼還有誰敢讓您來喜愛呢？您對鄭國來說，是一根大棟梁；棟梁是用來支撐屋椽的，棟梁折了，屋椽也就崩塌了，那麼我公孫僑就要被壓在下面了。我怎敢有隱瞞而不盡言呢！您要是有一塊漂亮的錦緞，一定不會讓人拿它當實驗去學剪裁衣服；大官、大邑，是我們個人身子所庇護、所寄託的地方，卻讓人拿它當實驗去學習政治道理，這比不知道要頂得上多少塊漂亮的錦緞了？我公孫僑聽說學習了為政的方法，然後才能從事實際政治工作，卻沒聽過在實際政治工作之中，學習為政的方法。如果一定要在實際政治工作之中學習，為政的方法必然會有損害的。譬如打獵，對於射箭和駕車的技巧一定要熟練，才能夠捕獲飛禽走獸。假如不會駕車，也不曾在車上射過箭，一上車就會一直擔心車子翻了、車子壞了，哪裡還有什麼工夫去想怎麼打獵？」

罕虎說：

「您說得有理！我罕虎思慮不深。我聽說大凡一位君子致力講求大的和未來的事情，而一個小人專門講求小的和目前的事情。我真是個小人！穿在我身上的衣服，我懂得該小心愛惜它；但大官、大邑是我的寄託和依靠，我卻疏忽了、輕視了。要不經你這麼一說，我還真懵懵懂懂，不知道呢！前些日子，我曾說過：『你盡力治理鄭國，我管理我的家產，使我的身體有所寄託，這不該有什麼問題吧！』從今以後我知道這是不行的。從今日起，我向您請求，即使我家的事情，也得聽從您的才能去做。」

子產說：

「人心的不同就像人臉的不同；您的臉和我的臉不相同，我怎敢說您的心和我的心相同呢？不過，我心裡覺得您這樣做有危險，所以就和盤托出，告訴您了。」

罕虎認為子產是個忠於職責的人，所以把政權交付子產。子產因此能夠好好治理鄭國。

徐吾犯之妹擇夫

昭公元年（西元前五四一）

鄭國大夫徐吾犯的妹妹長得很漂亮。公孫楚已經和徐吾犯的妹妹有婚約，公孫黑也看上了她，就派人強送上聘禮，非娶她不可。徐吾犯不敢得罪這兩位在鄭國有權有勢的人，非常憂慮，於是他告訴子產，要子產幫他解決這個難題。

子產說：

「居然有這種事情，是我們鄭國政治不上軌道，不單單是你擔憂的事情。你看看你妹妹願意嫁給誰，就把她嫁給誰。」

徐吾犯就請他們兩人前來他家，告訴他們，由他妹妹來挑選他們兩人中的一位，兩個人答應了。

公孫黑裝扮得漂漂亮亮進入徐吾犯的家，在他家擺下禮品之後，非常瀟灑地走出。公孫楚穿上軍服進入他家，進入之後，向左右兩邊拉弓放箭，然後跳上車子，非常英武地走出去。

徐吾犯的妹妹從房子裡看到了這些景象，她說：

「公孫黑真說得上瀟灑、漂亮；但是我選公孫楚做我的丈夫。做男子漢的就得有個男子漢的樣子，做女人的就得有女人味兒，這就合於常理。」結果，她嫁給了公孫楚。

這回公孫黑可生氣了，於是把鎧甲穿在裡頭去見公孫楚，想殺了公孫楚而奪娶他的妻子。公孫楚知道了，抓起了長戈就追逐公孫黑，一直追到了大路口，就用長戈去擊刺。

公孫黑受傷而逃回去了，他告訴鄭國的大夫們說：

「我好心地去會見公孫楚，不知道他心懷不軌，所以我受傷了。」

晏子不更換住宅

昭公三年（西元前五三九）

起初，齊景公想把晏子的住宅改建擴大，於是對晏子說：「你的房子靠近市場，房子又低濕、又狹小，四周的環境又吵鬧、又汙穢骯髒，那不適合你住。讓我把你的房子重新改建，使房子大些、明亮些。」

晏子辭謝說：「我的父親和先人在那裡安居，我實在不配繼承先人的產業而住在那裡。那棟房子對我來說是夠奢侈了。況且，我住的房子靠近市場，早晨晚上都容易找到要買的東西，這對我來說是件方便的事。我怎麼敢麻煩大家為我造房子？」

景公笑著說：

「你住的靠近市場，你知道物價嗎？」

晏子說：

「既然從市場得著許多方便，我怎麼不知道物價？」

景公說：

「哪樣東西貴？哪樣東西便宜？」

在那個時候，齊景公濫用刑罰使很多人被砍掉了腳，有賣拐杖的人，所以晏子故意說：

「拐杖的價錢貴，而鞋子的價錢便宜。這是因為君王的刑罰複雜，大家的腳都被您砍掉了，用不著穿鞋的緣故。」

景公因此減輕刑罰。由於晏子已經把拐杖貴、鞋子便宜的事情告訴了景公，所以在魯昭公三年，他出使晉國，與晉大夫羊舌肸談到這件事。

君子評論說：

「仁人的一句話都能造福大眾。晏子的一句話，齊景公就減輕刑法。《詩經》上說：『君子如行善，禍亂即止斷。』大概指這種事情說的吧！」

等到晏子出使晉國，景公就把晏子的房子改建擴大了。當晏子回國時，新房子已經蓋好了。晏子拜謝景公給他建造的新房子之後，隨後就把新房子拆毀了。齊景公因改建晏子

的房子，而把四周的房子全拆除。——這時候晏子把這些拆除的房子恢復了舊觀，又請他的老鄰居全搬回來住，晏子對他們說：

「俗話說：『不要卜問我們的房子如何？定要卜問我的鄰居如何？』你們一定事先卜問過我的鄰居的了！違背卜問是不吉祥的事。在上位的君子不可做出違背禮法的事，在下位的小民不可做出違背不吉祥的事，這是自古相傳的規矩。我這小民怎敢違背不祥的事呢？」

晏子終於讓老鄰居全回舊宅居住了。原先景公不答應這麼做，晏子因請託陳無宇幫忙，所以景公也就答應了。

孟僖子學禮

昭公七年（西元前五三五）

魯昭公七年，魯昭公自楚國回魯國的時候，孟僖子感到自己不懂得禮是個大缺點，於是開始學習禮。凡是長於禮的人，孟僖子就跟他去學習。

魯昭公二十四（西元前五一八）年春天，在他臨終之前，孟僖子召集了他家的大夫，對他們說：

「禮是人的軀幹。一個人不懂得禮，就像一個人沒有了軀幹，人沒有軀幹是站不起來的，人不懂得禮在社會中也是站不起來的。我聽說我們魯國有一位達人，他的名字叫孔丘。孔丘是聖人的後裔，他的祖先原居住在宋國，他的六世祖孔父嘉在宋國被殺，他的家族就由宋國逃亡，到魯國來。他的十世祖弗父何原當繼位為宋國的國君，但讓給了他的弟

弟宋厲公。他的七世祖正考父輔佐宋戴公、宋武公、宋宣公三位宋國君主，前後由宋君三次任命，官位做到上卿，正考父官位越高越加謙恭有禮。所以他在鼎上鑄有這樣的銘文：『第一次任命，我彎十五度的腰去接受；第二次任命，我彎三十度的腰去接受；第三次任命，我彎六十度的腰去接受。我不在路中央大搖大擺地走，我沿著牆邊走路，也就沒人冒冒失失來侮辱我。稠的稀飯在這個鼎內，稀的稀飯也在這個鼎內，就用這些餬我的口，填我的肚子。』正考父是這樣謙恭節儉。臧孫紇曾經說過：『有懿行美德的聖人，他本人不當大位，他的子孫必定有達人。』這個達人就是現在的孔丘吧！我要是去世之後，一定要把說（南宮敬叔的名）和何忌（即孟懿子）交給夫子，讓他們去師事夫子，跟夫子去學禮，來安定他們的身分，使他們在社會上立得住腳。」所以孟懿子和南宮敬叔師事孔子。

孔子說：

「能夠彌補自己缺點的，就是個君子。《詩經》說：『君子好榜樣，取法又效仿。』孟僖子是值得取法效仿的。」

楚靈王乾谿之難

昭公十二年（西元前五三〇）

魯昭公十二年冬天，楚靈王到州來（在今安徽省鳳台縣）去打獵，隊伍在潁尾（在今安徽省壽縣、潁上縣之交界處的正陽關）停駐下來。楚靈王命令楚國大夫蕩侯、潘子、司馬督、囂尹午、陵尹喜帶領軍隊包圍徐（在今江蘇省徐州一帶），藉此威脅吳國。楚靈王領兵在乾谿（在今安徽省亳縣東南）紮營，做為後援。

那時正遇上下雪天，楚靈王頭戴皮帽，身穿秦國送的羽絨衣服，肩上披著深青色披肩，腳穿著豹皮做的鞋子，拿著鞭子出巡。楚大夫僕析父伴從著。

右尹然丹在傍晚謁見靈王，靈王接見他，在見他的時候，放下鞭子，脫掉了帽子和披肩，和他說道：

「過去，我們的先王熊繹和齊太公之子呂伋、衛康叔之子王孫牟、晉唐叔之子燮父、周公之子伯禽一同為周康王做事，他們四國都有周天子頒賜的珍寶，只有我們先王熊繹一人沒有。我現在派人向周天子求寶鼎作為賞賜，周天子會給我們嗎？」

然丹對答說：

「周天子當然會給君王的囉！從前，我們先王熊繹居住在偏僻的荊山（在今湖北省南漳縣西），坐著柴車，穿著破衣，而來居住在這荊棘叢生的草原。翻山越水，才能事奉天子；只有桃木做的弓，棘木做的箭，進貢給周天子取用。齊君是周天子的舅父，晉、魯和衛的國君是周天子的同胞弟弟。這就是楚國沒得到周天子的頒賜，而他們都有的原因。如今周天子和齊、晉、魯、衛四國服事我君王，他們會唯命是從的，他怎敢捨不得那個寶鼎呢？」

靈王又說道：

「從前我們的遠祖昆吾是居住在過去許國（在今河南省許昌縣）的地方，如今鄭國人貪圖許國的物產，把許國占據而不還給我們。假如我找鄭國人要許，他們會歸還我們嗎？」

然丹對答說：

「那一定會給君王的囉！周天子不敢愛惜寶鼎，鄭國人哪敢愛惜許的田地？」

靈王又問：

「過去諸侯各國疏遠我們楚國，而敬畏晉國，如今我把陳（在今河南省淮陽縣）、蔡（在今河南省上蔡陽西南）、東不羹（在今河南省舞陽縣西北）、西不羹（在今河南省襄城縣東南）四個城池擴大修築，每個地方都有千輛兵車的軍備。在此，你也是有功勞的。諸侯他們會敬畏我國嗎？」

然丹對答說：

「當然敬畏君王的囉！這幾個邊疆地方的防禦工事和軍備力量就足夠使諸侯敬畏的。況且又加上我們楚國本身的力量，哪一個諸侯國家敢不敬畏君王的！」

話說到這裡，工尹路進來請問楚靈王說：

「君王曾命我把玉圭剖開去做斧柄的裝飾，我想請問君王要怎麼個作法？」

楚靈王就走過去看看。這時候，僕析父對然丹說：

「您是楚國有名望的人。今天您跟君王說話對答，簡直像應聲蟲，我們國家該怎得了呢？」

然丹說：

「我會把我對答的言辭磨得犀利去對付他。等君王出來，我的口下絕不留情，該辯該駁，毫不保留。」

楚靈王出來，又和然丹談論。正巧左史倚相從旁邊很快地走過。靈王說：

「他是一位好史官，你該好好照顧他。他能讀《三墳》、《五典》、《八索》、《九丘》等上古時代的典籍。」

然丹駁道：

「臣曾經問過他。從前周穆王想要逞其野心，周遊天下，打算使自己的車馬之跡無所不到。祭公謀父作了一首〈祈招〉的詩諫阻了穆王的野心，穆王因此能夠在他的祇宮（在今陝西省南鄭縣）壽終正寢。臣問左史倚相，知不知道〈祈招〉那首詩，結果他不知道。像周穆王如此近的事，他都不知，若問他遠古的事情，他哪可能知道？」

靈王說：

「你知道〈祈招〉之詩嗎？」

然丹答說：

「我知道。那首詩是這樣的：『祈招的聲音，幽靜深沉，展示了德者之音。君王的行動，像潔白玉石、像閃爍黃金，純潔燦爛而穩重。衡量人民的力量，克制自己的欲望，不作非份之想。』」

楚靈王揖謝了然丹，然後入室休息。然丹這一番話，使得楚靈王吃不進飯、睡不著覺。雖然接連好幾天吃不進、睡不著，但是他仍然不能克制自己的欲望，終於災難及身。

後來孔子評論說：

「古代有記載：『能做到克制自己，遵行禮法，就是一位仁者。』這句話說得真好！楚靈王如果能夠這樣，他哪會在乾谿那裡受辱遇難呢？」

昭公十三年（西元前五二九）

魯襄公三十（西元前五四三）年，楚靈王當令尹的時候，殺了大司馬薳掩，奪取了薳掩的妻室和財產。

魯昭公二（西元前五四〇）年，楚靈王即位，又奪取薳居的田地。

魯昭公九（西元前五三三）年，楚靈王尹把許人遷到夷（在今安徽亳縣東南七十里），並把許大夫許圍帶回楚國作人質。

蔡洧（ㄨㄟˇ wěi）受到靈王的寵信——當魯昭公十一（西元前五三一）年楚靈王消滅蔡國（在今河南省上蔡縣）的時候，蔡洧的父親被楚軍打死的，——靈王令蔡洧看守楚國國都，而向乾谿出發。

魯昭公四（西元前五三八）年六月，楚靈王與諸侯在申（在今河南省南陽縣）會盟，曾使越國大夫常壽過受到侮辱。楚靈王奪取了鬥韋龜的采邑中犨（在今河南省南陽縣附近），又奪取了鬥韋龜之子鬥成然的采邑，而任命鬥成然為郊尹（郊尹是治理境交的官）——鬥成然曾經侍奉過靈王幼弟公子弃疾。所以楚靈王對於薳氏之族及薳居、許圍、蔡洧、鬥成

然都不以禮相待。這些人憑藉楚靈王時丟官喪失職位的人的親族，引誘越國大夫常壽過作亂，常壽過包圍了楚國東境的固城（在今河南省息縣東北），攻下了息舟（在今河南省息縣與新蔡縣之間），在息舟築城而居住下來。

魯襄公二十二（西元前五五一）年，觀起被楚康王車裂而死的時候，他的兒子觀從在蔡國。觀從就留在蔡國為蔡大夫朝吳做事。楚靈王滅蔡之後，就封他的幼弟公子疾於蔡。觀從由於想報楚康王的殺父之仇，於是挑撥朝吳說：

「如果今天楚王不答應讓蔡國復國，蔡國也就無法復國了。請在常壽過之亂乘機為蔡國復國。」

於是他假借蔡公棄疾（即公子棄疾）的命令召回因楚靈王篡位而逃亡在晉國的公子比，和逃亡在鄭國的公子黑肱。到了蔡國都城的城郊，觀從把實情告訴了他們，並脅迫他們訂了盟誓。於是偷襲蔡公。蔡公棄疾正準備吃飯，看見他們就逃走了。觀從強迫公子比吃蔡公的食物，然後掘地為坎，殺牲而歃血，把一份盟書置於牲上，完成了假與蔡公訂盟的儀式，就立刻遣使公子比等離開。觀從自己向蔡人宣布說：

「蔡公召來公子比和公子黑肱，準備把他們二人送回楚國，蔡公和他們盟誓之後，立刻差遣他們上路了。蔡公要親自帶兵跟去。」

蔡國人聚在一起逮捕了觀從，觀從說：

「公子比和公子黑肱已經跑掉了。蔡公的軍隊已經編成了，就是殺了我，又有什麼用呢？」

蔡人於是放了觀從。接著，朝吳說：

「各位鄉親，你們若能為楚王盡忠而死，不妨先不聽觀從的話，等待事情的演變。你們希望安定無事，就不如幫助蔡公，好滿足你們的希望。況且你們違反主上蔡公，會無所適從的。」

蔡人都說：

「那麼就聽從蔡公的。」

於是擁護蔡公，並召公子比和公子黑肱在鄧（在今河南省郾城縣東南）舉行了盟誓的儀式。由於這次起事必須依賴陳、蔡二國人民的力量，答應在事成之後允許陳、蔡二國復國。

楚國公子比、公子黑肱、公子棄疾、鬥成然和蔡國朝吳，帥領陳、蔡、兩不羹、許、葉（ㄕㄜˋ shè，春秋小國，為楚所滅，在今河南省葉縣附近）的軍隊，和薳居、許圍、蔡洧和鬥成然四氏的族人向楚國郢都（在今湖北省江陵縣）進發。

到了楚國郢都郊外，陳人、蔡人為了要傳揚復國的名聲，請求建築軍壘，以誇耀軍威。蔡公棄疾知道後，說：

「軍貴神速；況且，建築軍壘是一件勞民傷財的事。建築一道籬笆營柵就可以了。」

於是築了一道籬笆的軍營。蔡公棄疾派兩個黨羽，須務牟和史猈（ㄆㄧˊ pí）先潛入楚都城，得到正僕人（太子的近官）的協助，殺了太子祿和公子罷敵。

公子比即位為王，公子黑肱為令尹，軍隊駐紮在魚陂（在今湖北省鍾祥縣南）。公子棄疾為司馬，他一進入郢都就修繕王宮，並派觀從追蹤楚靈王的軍隊，對楚靈王的軍隊宣布：

「先回來的，仍舊做原來的官，後回來的就把鼻子給割了。」楚靈王的軍隊到達訾（ㄗˇ zǐ）梁（在今河南省信陽縣）就潰散了。

楚靈王聽到他兒子死的消息，自己從車上摔下來，然後說：

「還有人能和我一樣的愛子嗎？」

旁邊的侍者說：

「別人的愛子之心勝過你的愛子之心。像我這樣老還沒有兒子的人，一旦死了，我知道一定被丟在溝壑裡的。」

靈王說：

「我殺了太多人的兒子，我能避免死後被丟到溝壑的命運嗎？」

右尹然丹說：

「讓我們先在郢都的城郊等一等，聽一聽國人意見，怎麼樣？」

靈王說：

「眾怒不可犯了！」

然丹又說：

「假如先進入大都邑躲一躲，然後再向諸侯求援兵，怎麼樣？」楚王說：「大都邑全背叛我了，我沒地方可躲了。」

然丹說：

「假如逃亡到其他國家去，然後再聽從那些大國替你安排，怎麼樣？」

楚王說：

「一個人一生只能有一次大運，我逃亡到他國，只是自取其辱。」然丹於是回到郢都。

楚靈王沿著漢水，準備到鄢（在今湖北省自忠縣，楚國的別都）去。楚大夫申無宇的兒子申亥說：

「我父親二次犯冒國君的命令，國君沒有殺他，哪還有比這更大的恩惠。對待國君不可太殘忍，不可忘了別人給我們的恩惠。我決定追隨國君。」

於是尋找楚靈王，在棘闈（在今河南省新野縣東北）遇到了楚靈王，並和靈王一起回

楚國。

夏五月二十六日，楚靈王自縊而死。中亥安葬了楚靈王，並用他自己的二個女兒陪葬。

觀從對公子比說：

「不殺公子棄疾，雖然現在稱王得國，也就像接受了一個禍害。」

公子比說：

「我不忍心殺公子棄疾。」

觀從說：

「人家可忍心殺你，我可不忍心等著殺死你！」於是離開了。

郢都每夜都有人驚駭地喊道：「老王回來了！」

五月十八日的夜裡，公子棄疾派人走遍各處喊道：「老王回來了！」

郢都的國人大吃一驚。並使鬥成然跑去告訴公子比、公子黑肱說：

「老王已經回來了！國人已經把你們的司馬公子棄疾殺了，不久就要到這裡了！你們如果早一點結束自己的生命，可以避免侮辱。群眾的憤怒就像水火一樣，很難去對付。」

又有人呼叫「群眾已經到了」，聲音由遠而近，於是，他們二人都自殺了。

五月十九日，公子棄疾就王位，更名為熊居，是為楚平王。楚平王把公子比葬在訾——

即是訾敖。平王又殺一囚犯，給死囚穿上楚靈王的衣服，把屍體放在漢水上飄流，然後再從漢水中撈起，把屍體給埋葬了，用這種欺騙的方法，說楚靈王已死，來安定國還人。任命鬥成然為楚國的令尹。

楚國撤退去年討伐徐國的軍隊，吳國人在豫章（在今安徽省壽縣西四十里）擊潰楚軍，擄獲了楚軍的五位統帥蕩侯、潘子、司馬督、囂尹午、陵尹喜。

楚平王立刻讓陳、蔡二國復國；靈王時所遷移各地的人民，均准許他們返回原來所居之地；平王起事之初，答應人們的好處，現在都如約履行；廣施人民生活物品，減輕人民的賦稅勞役，寬赦罪犯，舉用喪失職位的人。然後，平王召見觀從，問道：

「你有什麼願望？」

觀從答道：

「我的先人擔任卜官的助手。」於是任命他為卜尹，掌管占卜之事。

差使枝如子躬到鄭國報聘，準備交還楚國侵占的犨（在今河南省魯山縣東南）、櫟（ㄌㄧˋ lì，在今河南省禹縣）二邑的田地，以敦睦邦交。朝聘典禮舉行完畢之後，枝如子躬沒有把犨、櫟兩地的田地交還鄭國。鄭人請問他說：

「我們聽到路上的傳言，楚君有把犨、櫟二邑交給我鄭國君主的命令，我們冒昧地要求您把這道命令交給我們——」

他答道：

「臣沒得到那樣的命令。」

等他回楚交代任務，平王問起犨、櫟的事，枝如子躬脫去上衣，向平王請罪說道：

「臣犯了錯誤，違背了您的命令，沒有把犨、櫟二邑交給鄭國。」

平王緊握他的手，說：

「你不要這樣責備自己！先回家休息。我要是有事，再通知你。」

幾年之後，申亥把靈王的棺材所在告訴了平王，於是把靈王改葬了。

起先，楚靈王卜問：

「我可能得到楚國的天下嗎？」

卜兆所示，不吉。靈王就把龜版扔掉，責備老天，大聲呼叫道：

「上天連這樣小的東西都不肯給我，我一定要自己去取得。」

人民害怕楚靈王的欲望無窮，所以追隨平王的起事隊伍，就像是回家一樣的心情。

起先，楚共王的嫡配沒有生子，庶妻所生寵子五人——康王、靈王、公子比、公子黑肱和平王——不知道立哪一位為繼承人才好。因此，楚共王隆重祭祀星辰山河之神，而祈禱說：

「請群神在這五個兒子之間，選擇一個作為國家的繼承人。」再拿一塊玉璧遍示川星

辰諸神，說：

「正對著玉璧下拜的人，就是群神所立的楚君。每個人都得聽他的！」

然後，共王和寵妾巴姬祕密地把玉璧埋在楚國祖廟太室的庭院中，使五個人齋戒，依照長幼次第進入拜神。康王兩足各在玉璧的一邊，靈王則一隻手肘壓在玉璧之上，公子比、公子黑肱拜神的位置距離玉璧很遠；平王年紀小，抱進來拜神的，前後拜二次，都壓在璧紐上。鬥韋龜知道平王當立，所以囑咐他的兒子成然要好好侍奉平王，並且又說：

「共王先是廢棄了立長之禮而求神問卜，後來又違反了神的意旨而仍立年歲較長的康王，這兩種作法都不對，楚國恐怕很危險不安了。」

公子比從晉國回楚國的時候，韓起問羊舌肸說：

「公子比這趟回國起事能成功嗎？」

羊舌肸說：

「很難。」

韓起又說：

「他們所討厭的目標相同，就像商人各求所欲。他們起事又有什麼困難的呢？」

羊舌肸說：

「公子比沒有和他氣味相投的同好之人，那麼，誰又跟他討厭相同的事呢？取得一個

國家有五個難題：第一個難題是有寵愛的人，但缺少人才。第二個難題，有人才，但缺少有實力的人撐腰。第三個難題，得到實力之人撐腰，但缺少謀略。第四個難題，有謀略，但缺少群眾擁護。第五個難題，有群眾擁護，但本身缺少德望去實行。公子比逃亡到晉國有十三年了。晉、楚兩國人士和他交往的，不曾聽說過有什麼才智之士，可以說他沒有人才。他的族人全沒有了，親戚也都背叛他，可以說沒有力量替他撐腰。沒有機會，就倉促行動，可以說他沒有謀略。一輩子流亡在外，可以說他沒有群眾。他逃亡在外的楚國人絲毫無思念他的徵象，可以說他沒有德望。楚王雖然暴虐，但他並不忌刻賢人；楚人立公子比為楚王，通過五個難題，而弒殺楚國舊君。誰能夠幫得了他？取得楚國的，大概是公子棄疾吧！公子棄疾雖然得到陳、蔡二個封地，但是楚國方城（在今河南省方城縣東北）之外的地方也歸給了他；他沒有煩雜的政令，也不胡作非為；他治理的地方，盜賊都銷聲匿跡了。他不違反人民的私欲，人民對他沒有怨心；他還受群神之命，應理為王，所以人民信賴他。每當楚國王族發生變亂，必是少子得立為王。這是楚國的常例。公子棄疾：一、得群神之命。二、有群眾支持。三、聲譽德望具備。四、在楚國既貴又寵。五、合於楚國王位承繼的常例。有五種優越條件去排除五個難題，誰能阻擋他承繼楚國王位呢？說到公子比他的官不過右尹；論他的貴與寵，則不過楚王庶子；根據群神的指命，他距離得很遠。他具有的高官現在已經丟了；他受到的寵幸現在已經沒了，人民沒有懷念他的，國內沒有支持他的。他憑什麼能夠立為楚王？」

韓起說：

「齊桓公、晉文公不也是庶出，逃亡在外而起家的嗎？」

羊舌肹答道：

「齊桓公是衛姬的兒子，被齊僖公所寵愛，並有鮑叔牙、賓須無、隰朋等賢大夫來輔佐他；有莒（在今山東省莒縣）、衛兩個外國力量支持；又得到國內的國、高二個大族為內援。他服從真理，從善如流，齋戒肅穆，不私藏財貨，不放縱欲望，而又能夠施捨不倦，求善不厭，所以取得國家。這不是很應該的嗎？再說我們先君晉文公：他是狐季姬的兒子，為獻公所寵。專心好學，心不旁騖，十七歲的時候，就得五位才幹的士人。又有先大夫趙衰、狐偃為心腹之臣，有魏犨、賈佗為股肱之臣；有齊、宋、秦、楚外國勢力的支持，得到國內的欒、郤、狐、先四家大族為內援；他出亡在外十九年，志向堅定。惠公和懷公拋棄的人民，人民追隨文公，參與他的復國事業。獻公沒有其他的親人，人民也沒有其他的願望。上天正在幫助晉國，那用誰來替代文公呢？齊桓、晉文二君和公子比是不相同的。楚共王還有其他所寵愛的兒子，楚國的國王尚在位上，對人民又無恩德，外國勢力也沒支持他的；離開晉國，沒人為他送行；回到楚國，也沒有迎接他的人。怎麼可以希望他能夠取得楚國的王位呢？」

子產與商人

昭公十六年（西元前五二六）

有一對玉環，晉國大夫韓起有一隻，另外一隻在鄭國商人手裡。韓起向鄭定公要在鄭國商人的那隻玉環。子產卻不答應把鄭國商人的玉環給韓起，子產說：

「我全不知道，這不是國庫裡的東西，這是商人的私產。」

鄭國大夫游吉、公孫揮兩人對子產說：

「韓起要我們鄭國的東西也不多，我們鄭國又不能不當晉國的忠實友邦。晉國、韓起的我們可不能怠慢。假如，遇上挑撥離間的小人在晉國和我們鄭國之間搗鬼，再遇上什麼陰錯陽差的，弄得晉國發怒，興師問罪，到那時候後悔可來不及了。你為什麼因為偏偏愛上一個玉環，而換來大國對我們的不滿和仇恨呢？為什麼不找我們商人要來那隻玉環，送

給韓起呢？」

子產說：

「我這麼做並非怠慢晉國，也不是對晉國不忠心耿耿。因為我想跟從晉國到底，所以不給韓起那個玉環，我這麼做完全是守忠講信的緣故。我公孫僑聽說一個君子不擔心他有沒有財產，一個君子擔心他得到了職位而沒有好的名聲。我公孫僑也聽說治理一個國家，不擔心該怎麼去侍奉一個強國，該怎麼去愛護一個小國；治理一個國家，就擔心沒有禮法來安定國家。如果大國的人命令小國，而他們的要求都能獲得；那麼小國怎能全都提供出來。一個給，一個不給；有的給，有的不給。這恐怕更得罪人吧！而且，大國的要求，若不依禮法拒絕，又怎麼能滿足他們的欲望呢？如果一味答應大國的請求，我們將會成為晉國的一部分，而亡了我們的國家。假如，韓起是奉晉國之命，出使我國，而他私人向我們要玉環，也貪汙得太厲害了。這不犯法嗎？找我們商人要一隻玉環，引發二種罪狀，一是使我們國家滅亡，二是使韓起成了貪官。我們何必要這麼做呢！況且我因一隻小小玉環而闖禍，不是太划不來了嗎？」

韓起從鄭定公那裡得不到那隻玉環，而從鄭國商人那裡買到了。買賣已經成交了，那位鄭國的商人說：

「一定得報告我們的執政，才能真正的成交。」

韓起就向子產請教，說：

「前些時，我韓起向你們鄭國當局要這隻玉環，執政不肯做不義的事情，我也就不敢再勉強你們了。如今我從你們商人手中買下了這隻玉環，你們商人卻說一定要向你執政報告。我冒昧請問你這是什麼道理？」

子產對韓起說：

「從前，我們的先君桓公與我國的商人，原來住在鎬京附近，後因鎬京殘破，一起離開鎬京，遷到現在居住的地方。先君桓公和商人他們一對一對輪流耕田，斬除荊棘野草，共同居住在這個地方。當時為了互相信賴，桓公和他們訂有盟誓，誓詞說：『你們不可背叛我，我也不可強買你們的物品，也不可奪取你們的物品。你們有發財的珍寶和商品，我不可干涉你們的買賣。』靠著這個盟誓，我們的政府和商人合作無間，一直到現在。今天，您大駕光臨，是為敦進與我國邦交的，卻指使我們政府強奪商人的財產，是教鄙國背棄過去的盟誓。這恐怕不太妥吧！您要是獲得玉環，而失去諸侯的心，我相信您一定不會這麼做。假若大國向我們鄭國要個沒完，要把我們鄭國變成你們邊疆的一部分，我們是不會做的。我公孫僑如果把玉環獻給你，我不知道那麼做是根據什麼道理。我冒昧地把個人想說的話都說出來了。」

韓起辭謝了玉環，說：

「我韓起是個笨人，才冒失去要玉環，沒想到這會引發二種罪過，一是失去諸侯的向心；二是破壞鄭國盟誓。在此冒昧退還這隻玉環吧。」

子產論政寬猛

昭公二十年（西元前五二二）

魯昭公二十年，鄭國子產生病，他對游吉說：

「我死之後，你一定當政。只有德行圓滿的人，才能夠用寬大的政策去治理人民。退而求其次，不得已只好用嚴厲的政策去治理人民。譬如，火看起來非常猛烈，人民看到火就怕火，所以很少人被火燒死。水看起來柔弱溫和，人民就喜歡戲水，而不當心水的危險，所以很多人被水淹死。總之，採寬大的政策治理人民，很難，不容易。」

子產病了幾個月就去世了。游吉接掌政權，治理國家。他不忍用嚴厲的政策去治理人民，而採用了寬大的政策。於是，鄭國的盜賊多起來了，在萑（ㄏㄨㄢˊ huán）苻（在今河南省中牟縣西北）沼澤地帶掠人劫貨。

游吉很後悔，說：

「我要是早聽子產的話，也不會弄到今天盜賊增加的局面。」

於是，他起兵去攻打萑苻一帶的盜賊，把那地方的盜賊全消滅了。鄭國的盜賊稍稍戢止。

孔子聽到子產去世這個消息，不覺淌下眼淚，說道：

「他是古代仁民愛物留在今天的典型。」

晏子諫齊景公取消禳祭

昭公二十六年（西元前五一六）

昭公二十六年冬天，齊國天空出現掃帚星，齊景公派人禳祭，請求上天祓除災疫。

晏子說：

「這是毫無用處的，這只能騙騙人。上天是明智的，不會更改他的作法。禳祭又能怎麼樣呢？況且上天所以有掃帚星，就是要掃除天上的汙穢。君王要是沒有狗皮倒灶的事情，又為什麼要禳祭呢？君王若有狗皮倒灶的事情，上天來掃除，又會有什麼損失呢？《詩經》上說：『只有我們文王，做事小心翼翼。誠心敬事上天，於是百福並至。他的道德崇高，贏得四方敬禮。』君王如果沒有違背道德的事情，四方人士會來向君王致敬，還擔心什麼掃帚星呢？《詩經》上又說：『我們不須別的來說教，只要看看夏朝和商朝，政治胡搞亂

搞一團糟，結果人民四散鳥獸逃。』如果胡作非為，人民就會向外逃亡，禱告祭祀是無法補救的。」

齊景公聽了很高興，於是取消了禳祭。

所以為女子，遠丈夫也

定公四年（西元前五〇六）

魯定公四年冬天，蔡昭侯、吳王闔廬、唐成公聯兵攻伐楚國。吳國軍隊乘船從淮河過來，到達蔡國，把船棄置在河邊。自豫章（在今安徽省壽縣西）起，吳國軍隊與楚國軍隊隔著漢水布下陣式。經過五次大戰，吳國軍隊打到郢都（在今湖北省江陵縣東北）附近。

十一月二十八日，楚昭王帶著他的妹妹季芈（ㄇㄧˇ mǐ）逃出郢城，涉過雎（ㄐㄩ jū）水（即今湖北省當陽縣之沮水）。鍼尹固和楚昭王乘坐同一艘船。昭王命令鍼尹固在大象的尾巴上綁著火把，並驅使這些大象衝向吳國軍隊，破壞吳軍的陣容，阻止吳軍的追擊。

楚昭王涉過雎水，又橫渡了長江，進入雲中（即古代雲夢大澤之中，這裡雲中是指今湖

北省枝江縣南）地方。在他們一行人晚上睡覺的時候，當地的盜賊來偷襲他們，並用戈來擊殺昭王，躺在昭王身旁的王孫由于就用背去擋，結果被砍中了肩膀。昭王又往鄖（ㄩㄣˊ yún，在今湖北省鍾祥縣）逃亡，鍾建就揹著季芈，跟著走，王孫由于蘇醒之後也跟著啟程。

定公五（西元前五〇五）年秋天，楚國大夫申包胥與秦國的子蒲、子虎率領了五百輛兵車到達楚國，前來救楚。

於是，楚昭王又回到郢都。在他獎賞群臣之後，昭王要把他的妹妹季芈嫁人。季芈辭謝昭王說：

「做為一個女子的，一定要和男子漢保持距離，男女授受不親的。在我們逃亡的時候，鍾建已經揹過我了。」

因此，昭王就把季芈嫁給鍾建，並任命他為樂尹之官（樂尹，掌管音樂的官）。

孔子與夾谷之會

定公十年（西元前五〇〇）

定公十年春天三月，魯國和齊國簽訂和約。夏天，魯定公和齊景公在祝其相會，更確實說是在夾谷（祝其、夾谷均在今山東省博山縣南）。孔子為魯定公贊禮的相，陪同定公去夾谷。

齊大夫犁彌對齊景公說：

「孔丘那人很懂得禮節儀式，但不勇敢，膽子小得很。如果我們找萊夷人帶著兵器劫持魯國國君，我們必能稱心如意，達成我們的願望。」

齊景公依從犁彌的意思，找萊夷人帶著兵器準備劫持魯定公。

孔子發現這種情形，在眾目睽睽之下，斥退身帶兵器的萊夷人，並喊道：

「來人哪！把這些人拿下，殺了。兩國的國君為了增進友誼的盟會，而這些蠻荒萊夷的亡國之民，居然帶著兵器擾亂會場，我想這不是齊君對待其他國家的辦法吧！蠻荒之人不可染指中原地區，夷狄不可擾亂華夏的安寧，囚俘不可干預會盟，也不可以武力來逼迫友好。不然的話，對鬼神就不吉，對道德就不義，對人事就不禮。我想您一定不會故意找萊夷人持兵器來要脅這次盟會的。」

齊景公聽了這番話，十分慚愧，盡快把萊夷人趕走。

將要盟誓的時候，齊國人在盟書的文字上加了這樣的話：

「將來齊國軍隊出境作戰的時候，魯國要是不派三百輛武裝兵車跟我們去作戰，便要受到這個盟誓的詛咒。」

孔子亦趕緊要魯大夫茲無還作揖，對齊國人說：

「你們齊國不還我們魯國汶陽田（在今山東省寧陽縣北）的土地，而我們答應提供兵車，你們也會受到這個盟誓的詛咒！」

齊景公將以饗宴招待魯定公。孔子對齊國的大夫梁丘據說：

「齊國和魯國的老規矩，您難道沒聽說過？盟誓已經完成，而又設饗宴招待，是讓管事的人白費氣力，多此一舉。況且牛尊啦、象尊啦，這些禮器根本不能帶出宗廟的大門；鐘啦、磬啦，這些樂器也不能在曠野上演奏。如果，為了饗宴，把所需要用的禮器、樂器

全都搬到這裡，這是置禮法於不顧的作法。如果，全沒帶出來，這就好比捨棄雞鴨魚肉山珍海味不用，而用粗米野菜來招待貴賓。用粗米野菜是侮辱國君，棄禮不顧就有惡名。您何不好好考慮考慮？饗宴是一件給人恩惠、增加友誼的事情；如果弄巧反拙，不如取消饗宴好了。」結果，齊國取消饗宴。

後來，齊國歸還魯國鄆（ㄩㄣˋ yùn，在今山東省鄆城縣）、讙（ㄏㄨㄢ huān，在今山東省泰安縣西南）和龜陰田（在今山東省泰安縣）這三塊土地。

齊、魯清之戰

哀公十一年（西元前四八四）

魯哀公十一年春天，齊國因為去年魯國曾經駐軍在郞（ㄒㄧˋ xì，在今山東省蒙陰縣之北，復興縣之南）的緣故，命令國書、高無丕率領軍隊討伐魯國，大軍開到清（在今山東省長清縣東南）的地方。魯國的執政季康子對他的宰官冉求說：

「齊軍開到清的地方，必定是來攻打魯國的，我們該怎麼對付這件事呢？」

冉求說：

「您帶領軍隊防守國都，另外，孟孫氏和叔孫氏兩家人帶領他們自己的軍隊到邊境抵抗。」

季康子說：

「這是辦不到的。」

冉求說：

「那麼您就使他們二家帶兵在境內防守好了。」

季康子把這個計劃告訴了孟孫氏、叔孫氏兩家人，但這兩家人居然還不肯答應。

冉求說：

「既然連這都辦不到，我們的魯君就守城不出。您一個人統率軍隊，背城一戰，不服從您命令的就不是魯國人。魯國都城中的家室比齊國的兵車要多，用一家人去對抗一輛兵車，是綽綽有餘的，您還有什麼好擔心的。孟孫、叔孫二家人不肯出力打仗也是很自然的！因為魯國政權掌握在你們季氏的手中。在你當政的時候，齊國人來攻打我們魯國，您要不出兵抵抗，這可就是您的恥辱了。這就大大不配當家執政了。」

季康子使冉求跟他上朝，然後讓冉求在黨氏之溝的地方等他。叔孫州仇見到冉求，大聲呼問魯國對齊作戰的事情，冉求回答道：

「您們當高官的自然會有深謀遠慮，我這個做聽差的哪知道什麼？」

然後，孟懿子強問冉求，冉求答道：

「我考慮到我的才能大小而對人說話，打量了我的力量大小而為人效力。」

叔孫州仇說：

「這分明說我總不是個大丈夫，所以不願跟我說齊國和我國作戰的事情。」叔孫州仇回去之後，立刻檢閱他家的軍隊。

於是，孟懿子的兒子孟武伯統率魯國的右軍，顏羽駕車，邴洩為車右。冉求統率左軍，管周父駕車，樊須為車右。

季康子說：

「樊須的年紀小。」

冉求說：

「年紀雖然小，但他肯跟從我，遵守命令。」

季氏的甲兵有七千人，冉求以武城（在今山東省費縣）地方的三百人作他的步兵。年紀大的和年紀小的人防守魯國的宮殿，駐軍在雩（ㄩˊ yú）門（魯都的南門）的外邊。過了五天，孟武伯所率領的右軍才跟著來。

公叔公為見到守城的老弱，感慨得落下淚來，說：

「徭役繁多，賦稅很重，在上位的不能為國家謀事，做為國家的軍士又不能為國家效命疆場，這怎麼配治理人民呢？我既然說了這樣的話，我能不勉力為國嗎？」

魯左軍和齊國軍隊在魯都曲阜城郊作戰。齊軍來自魯都南邊稷門之外；魯國左軍，不跨越護城河。

樊須對冉求說：

「不是跨不過去這道護城河，而是魯國不相信您。請您與魯軍訂立三條戒約，就能越過這道護城河。」

冉求就照了樊須的話去做，群眾都跟從過了護城河。魯國左軍攻入了齊軍。

但魯國右師潰敗，齊軍從後追擊。齊軍將領陳瓘、陳莊渡過泗水（水名，流經曲阜城北及城西），魯軍入城，孟子反走在軍隊的後頭壓陣；抽出一根箭，鞭打他的馬，說：

「不是我不怕死，走在後頭，是我的馬走不快的緣故。」

林不狃（ㄋㄧㄡˇ niǔ）隊伍中的一個兵卒問他說：

「要不要快跑！」

林不狃說：

「我又不比誰差，為什麼要快跑？」又問說：「那麼要留下來？」林不狃說：「留下來又有什麼好處？」林不狃就從容地走著，終於戰死了。

魯國左軍獲得八十個齊國甲士的頭顱，齊人軍隊潰不成軍。夜間偵察敵情的偵探回來報告說：

「齊軍偷偷逃跑了。」

冉求請求季康子派兵去追擊，先後請求了三次，季康子都不答應。

孟武伯對人說：

「我不如顏羽，而比邴洩強得多。顏羽作戰勇敢，銳利而敏捷。我雖然心裡害怕，不想作戰，但我還沉得住氣，保持緘默；而那邴洩，實在膽小，口裡直喊：『快點趕車逃命吧！』所以我比他強。」

公叔公為和他所寵愛的一個小童叫汪錡（ㄑㄧˊ qí）的共同乘一輛兵車作戰，全都戰死，兩人的屍體都找到了，一起舉行殯葬之禮。

孔子說：

「汪錡雖是一個小孩，卻是能拿起干戈保衛國家的人，可以不用童殤禮去安葬他。」

冉求作戰時，因車右樊須年幼，把樊須的矛拿過來，向前衝鋒陷陣，所以能夠殺入齊軍。

孔子說：

「這樣做是對的。」

季康子使冉求問孔子田賦

哀公十一年（西元前四八四）

哀公十一年冬天，季康子準備按照田地抽取軍賦，派遣冉求去問孔子的意見。

孔子回答說：

「我不知道。」

冉求一而再地問了好幾次，孔子都不回答。冉求最後說：

「您是國家的元老，很多事情都得聽聽您的意見才能去做，您為什麼不說話呢？」孔子還是不回答。

後來，孔子私下對冉求說：

「一個君子做事，要看看合不合於禮，施捨財物越多越好，義務勞動就得適度，收取賦

稅能少就少。這麼說來，按丘（每丘十六井，約一百五十人左右）出軍賦也就很足夠了。如果不看合不合於禮，而貪求無厭，雖然依照田地抽取軍賦，馬上又嫌不足。而且，你們季孫氏如果依規矩去做事，周公所訂的法典還存在；如果苟且去做事，問我幹什麼？」

季康子根本不聽，哀公十二（西元前四八三）年春天，實施按田地抽軍賦的辦法。

黃池之盟

哀公十三年（西元前四八二）

夏天，魯哀公與周卿士單平公、晉定公、吳王夫差在黃池（在今河南省封邱縣西南）相會盟。

六月十二日，越國分二路出兵，攻打吳國，一路由越王句踐親自率領，一路由越大夫疇無餘、謳陽兩人率領從南方出發。疇無餘、謳陽率領的軍隊先到達吳國國都郊外。吳國的太子友、王子地、王孫彌庸、壽於姚諸人在泓上（即今江蘇省吳縣東南的橫山）看到了越國軍隊。

王孫彌庸看到了姑蔑（在今浙江省龍游縣北）地方的旗幟，說：

「這是我父親的旗幟——彌庸父前為越人俘擄，姑蔑人拿去了旌旗——，我不可以看

到仇人而不殺。」

太子友說：

「戰爭打不勝，國家會敗亡的，請你稍等一下！」

王孫彌庸不肯聽太子友的話，集合他的徒眾五千人去殺敵，王子地幫助他。六月二十一日，吳越兩軍大戰一場。王孫彌庸擄獲了疇無餘，王子地擄獲了謳陽。不久，越王句踐率兵趕到吳都城的郊外，王子地守城不出戰。二十二日，吳越兩軍又大戰一場。越軍大敗吳軍，擄獲了吳國的太子友、王孫彌庸、壽於姚諸將。二十三日，攻入了吳國的國都。

吳軍派人到黃池，向吳王夫差報告吳國戰敗、國都失守的消息。吳王夫差怕吳國戰敗的事情張揚出去，於是在營帳之內，手刃了七個信差，殺人滅口。

秋天七月七日，周、魯、晉、吳諸國黃池盟會。吳、晉兩國爭著搶先歃血，也就是爭著搶做盟長。

吳國人說：

「在周室來說，我們是太伯之後，我們的資格最長。」

晉國人說：

「在姬姓諸侯之中，我們是伯爵，你們是子爵，所以說我們的資格最高。」

晉國大夫趙鞅對晉大夫司馬寅喊著：

「天色已經晚了，盟誓大事到現在還沒完成，這是我們兩個人的罪過。我們把戰鼓拿起來，擊鼓整編隊伍，我們兩人拚個一死，到時候就知道誰是老大，誰是老二了。」

司馬寅說：

「請你先去吳國察看一下動靜。」

趙鞅察看吳國的情況之後，回來說：

「高官厚祿的人，不應滿臉發黑，氣色難看。如今吳王滿臉發黑，氣色難看。不知道是他的國家給敵人打垮了？還是他的太子死了？況且夷狄之人不夠穩重，一定不能持久的。讓我們稍微等待一下。」於是，讓吳國人先歃血為盟。

吳王夫差想攻伐宋國，劫殺他們的男子，而擄回他們的女子。

太宰嚭說：

「可以戰勝宋國，但不可久居宋國之地。」於是作罷，率兵回國。

冬天，吳國與越國講和。

子路之死

哀公十五年（西元前四八〇）

衛國大夫孔圉娶了衛國太子蒯聵（ㄎㄨㄞˇ ㄎㄨㄟˋ kuǎi kuì）的姊姊，生孔悝（ㄎㄨㄟ kuī）。孔家的家臣渾良夫，個子高大又漂亮；孔圉死後，他和孔圉的妻子孔姬私通。當時衛國太子蒯聵逃亡在戚（在今河北省濮陽縣北）——太子蒯聵因得罪他父親衛靈公的寵姬南子逃亡的，靈公去世之後，衛出公繼位，出公是太子蒯聵的兒子，孔姬就派渾良夫和她弟弟蒯聵聯絡。

蒯聵就和渾良夫說：

「假如，你能幫我奪回權力，登上國君的寶座，我就許你穿大夫的衣服，坐大夫的車子，提升你為大夫；此外，我還特赦你三次死罪，而不殺你。」

蒯聵和渾良夫就依據這個條件發誓合作。渾良夫並要求蒯聵許他以孔姬為妻。

哀公十五年閏十二月，渾良夫掩護太子蒯聵進入衛國的都城（在今河北省濮陽縣西南），並把蒯聵安排在孔家的外花園。天黑之後，他們兩人穿著婦人的衣服，用頭巾蒙著頭，共同乘一輛車子，由寺人羅駕車，到達孔家的住宅。孔家的老家臣欒寧問他們是什麼人，他們回答說是他們親戚家的女僕人，於是進入孔家住宅。

他們直往孔姬的房間去，在孔姬那裡吃過飯之後，孔姬拿了一把戈帶頭去找孔悝，蒯聵率領五個全副武裝的車裝了盟誓用的豬跟在後面。他們在廁所中劫持了孔悝，強迫孔悝發誓結盟，然後，又劫持孔悝到衛國觀禮臺之上，號召衛人。欒寧正準備喝酒，烤肉還沒熟，聽到衛國有亂，趕忙派人去告訴子路；衛大夫召獲駕駛座車，在車上喝酒吃肉，故示從容無懼，奉衛出公去投靠魯國。

子路正往都城的途中，遇到了衛大夫高柴向外逃走，高柴對子路說：

「城門已經關上了。」

子路說：

「我先走近城門再想辦法。」

高柴說：

「不趕到城裡去，災禍就不會牽連到自己身上。」

子路說：

「既然是吃人家的飯，就不能躲避人家的災難。」

於是高柴向外走，子路向城裡走。

子路到達城門的時候，公孫敢擋在城門前說：

「衛君已經出城了，用不著再進去。」

子路說：

「你公孫敢，只知要人家的利祿，當人家有災難就溜之大吉；我仲由可不這樣，得到人家俸祿的好處，一定去救人家的災難。」

子路等到有使者要入城，城門打開，才乘機進得城去。

子路對蒯聵嚷道：

「太子殺掉孔悝又有什麼用呢？你雖然殺掉他，一定有人會繼他而起，繼續反抗你。」

子路並且對衛國群眾叫：

「太子不勇敢，膽子小，把觀禮臺點上火，只要火燒了觀禮臺的一半，太子就會放下孔叔（即孔悝），自己逃命。」

太子蒯聵聽到子路要放火燒掉觀禮臺，心中很害怕，就命令他的二員大力士石乞、盂黶走下觀禮臺去和子路格鬥，最後把子路頭上帽子的帶子都割斷。

子路說：

「一個君子死時，不脫掉他的帽子。」於是他把頭上的帽子的帶子重新繫好而死。

孔子一聽說衛國發生變亂，就說：

「高柴會逃出來的，仲由是死定了。」

後來，孔悝居然擁立太子蒯聵——即是衛莊公。

子貢譏哀公誄孔子

哀公十六年（西元前四七九）

哀公十六年夏天四月十八日，孔丘去世。魯哀公哀悼孔子的誄文寫著：

「天老爺不體恤我魯國，不肯給我留下這個國家的元老，讓他保護我這個人的名分和地位。我孤獨無依，悲傷成病。我真悲傷啊！尼父，你走了，我再也無法約束自己了。」

子貢說：

「君王恐怕不能在魯國安度餘年了吧？夫子生前說過：『失掉禮制，就會迷失方向；失掉名制，就會產生過失。喪失志氣，就無目標；喪失地位，就是罪過。』夫子在世的時候，君王不重用他；等他去世，君王卻用誄文來弔祭他，這不合禮制。在誄文中，君王自稱『我這個人』，這也不合於名制。君王在禮制、名制兩方面全犯了錯誤。」

匠人圍攻衛莊公

哀公十七年（西元前四七八）

衛莊公在北宮作了一個夢，夢見有人登上夏朝昆吾氏所建造的觀禮臺，這個人披頭散髮臉朝北嚷道：

「我登上這個昆吾氏的廢墟，小瓜緜緜，不斷慢慢長。我是渾良夫，沒有道理殺了我，我叫上天為我申寃。」

衛莊公親自卜筮這個夢，由胥彌赦占問這個夢。但胥彌赦不敢說實話，說：

「沒有什麼禍害。」

於是莊公賜給他一個城邑，他丟下了這個城邑，就逃亡到宋國去了。

衛莊公再卜問一次，得到的爻辭說：

「像是一條紅尾魚，在河中橫流游來游去，不得安定。有武力強盛的大國來侵略，會使國家滅亡。關上門，堵了洞，從後牆爬出去。」

冬天十月，晉國又來攻打衛國。當攻入衛國國都的外城，正準備進城的時候，晉國的大夫趙鞅說：

「停止！羊舌肸曾經說過：『趁人家發生內亂的時候，去消滅人家的國家，就會絕子絕孫，沒有後人！』」

同時，在城內的衛人趕跑了衛莊公而與晉國講和。晉國人擁立了衛襄公的孫子般師以後，撤軍回國。

十一月衛莊公從鄄（ㄐㄩㄢˋ juàn，在今山東省濮縣）回國，般師逃亡。從前，有一次衛莊公登上衛國國都城牆，向外眺望，看見戎州城（在今河北省濮陽縣，衛國城外）。莊公問那是什麼，有人據實告訴他。

莊公說：

「我們是姬姓國家，怎麼會有個戎州城呢？」就命令把戎州城給拆毀。

莊公使工匠做了太久的拆城工作，工匠心中不滿。如今，莊公要驅逐衛國大夫石圃，他還沒下手，石圃反倒先發難。十一月十二日，石圃結合那些工匠一起圍攻莊公，莊公關上門，然後請求和他們講和，石圃和工匠們不答應。莊公沒辦法，只好爬上北面的牆，想

逃走，但從牆上摔下來，跌斷了大腿骨。戎州人恨莊公拆毀他們的城牆，因此也來攻打莊公。太子疾、公子青原來和莊公一起翻牆逃走的，結果被戎州人殺掉了。

衛莊公逃到戎州人己氏的家中。——從前，莊公在衛國城牆上看見己氏妻子的頭髮長得很美，就派人把己氏妻子的頭髮剪下來，做了他自己妻子呂姜的假髮。——莊公進入己氏家中之後，莊公把玉璧拿給己氏看，並說：

「你讓我活命，我就送你這塊玉璧。」

己氏說：

「我就把你殺了，倒看你的玉璧能到哪裡去呢？」

於是把衛莊公殺了，而取走了那塊璧。

衛人又擁立般師為衛國國君。

附錄 原典精選

季梁諫止追擊楚軍

楚武王侵隨，使薳章求成焉，軍於瑕以待之。隨人使少師董成。

鬥伯比言於楚子曰：

「吾不得志於漢東也，我則使然。我張吾三軍，而被吾甲兵，以武臨之；彼則懼而協以謀我，故難間也。漢東之國隨為大。隨張必棄小國，小國離，楚之利也。少師侈，請羸師以張之。」

熊率且比曰：

「季梁在，何益？」

鬥伯比曰：

「以為後圖。少師得其君。」王毀軍而納少師。

少師歸，請追楚師。隨侯將許之，季梁止之，曰：

「天方授楚，楚之羸，其誘我也。君何急焉？臣聞小之能敵大也，小道大淫。所謂道，忠於民而信於神也。上思利民，忠也；祝史正辭，信也。今民餒而君逞欲，祝史矯舉以祭，臣不知其可也。」

公曰：

「吾牲牷肥腯（ㄊㄨˊ tú），粢（ㄗ zī）盛豐備，何則不信？」

對曰：

「夫民，神之主也。是以聖王先成民，而後致力於鬼神。故奉牲以告曰：『博碩肥腯』，謂民力之普存也，謂其畜之碩大蕃滋也，謂其不瘯蠡（ㄘㄨˋ ㄌㄧˊ cù lí）也，謂其備腯咸有也。奉盛以告曰：『絜粢豐盛』，謂其三時不害，而民和年豐也。奉酒醴以告曰：『嘉栗旨酒』，謂其上下皆有美德而無違心也。所謂馨香無讒慝也。故務其三時，脩其五教，親其九族，以致其禋祀。於是乎民和而神降之福，故動則有成。今民各有心，而鬼神乏主，君雖獨豐，其何福之有？君姑脩政而親兄弟之國，庶免於難。」

隨侯懼而脩政，楚不敢伐。

父與夫孰親？

祭仲專，鄭伯患之，使其婿雍糾殺之，將享諸郊。

雍姬知之，謂其母曰：

「父與夫孰親？」

其母曰：

「人盡夫也，父一而已，胡可比也？」

遂告祭仲曰：

「雍氏舍其室而將享子于郊，吾惑之，以告。」祭仲殺雍糾，尸諸周氏之汪。

公載以出，曰：

「謀及婦人，宜其死也。」

夏，厲公出奔蔡。六月乙亥，昭公入。

衛懿公好鶴亡國

冬十二月，狄人伐衛。衛懿公好鶴，鶴有乘軒者。

將戰，國人受甲者皆曰：

「使鶴。鶴實有祿位，余焉能戰。」

公與石祁子玦，與寧莊子矢，使守，曰：

「以此贊國，擇利而為之。」

與夫人繡衣，曰：

「聽於二子。」

渠孔御戎，子伯為右，黃夷前驅，孔嬰齊殿，及狄人戰於熒澤。衛師敗績，遂滅衛。

王孫滿答楚莊王問九鼎

楚子伐陸渾之戎，遂至於雒，觀兵於周疆。定王使王孫滿勞楚子。楚子問鼎之大小輕重焉。

對曰：

「在德，不在鼎。昔夏之方有德也，遠方圖物，貢金九牧，鑄鼎象物，百物為之備，使民知神姦。故民入川澤山林，不逢不若；魑魅罔兩，莫能逢之。同能協于上下，以承天休。桀有昏德，鼎遷於商。載祀六百，商紂暴虐，鼎遷於周。德之休明，雖小，重也。其姦回昏亂，雖大，輕也。天祚明德，有所底止。成王定鼎於郟鄏，卜世三十，卜年七百，天所命也。周德雖衰，天命未改，鼎之輕重，未可問也。」

楚國送晉國荀罃回國

晉人歸楚公子穀臣與連尹襄老之尸於楚，以求知罃。於是荀首佐中軍矣，故楚人許之。

王送知罃曰：

「子其怨我乎？」

對曰：

「二國治戎，臣不才，不勝其任，以為俘馘。執事不以釁鼓，使歸即戮，君之惠也。臣實不才，又誰敢怨。」

王曰：

「然則德我乎？」

對曰：

「二國圖其社稷，而求紓其民，各懲其忿以相宥也。兩釋纍囚，以成其好。二國有好，臣不與及，其誰敢德？」

王曰：

「子歸，何以報我？」

對曰：

「臣不任受怨，君亦不任受德，無怨無德，不知所報。」

王曰：

「雖然，必告不穀。」

對曰：

「以君之靈，纍臣得歸骨於晉，寡君之以為戮，死且不朽。若從君之惠而免之，以賜君之外臣首，首其請於寡君，而以戮於宗，亦死且不朽。若不獲命，而使嗣宗職，次及於事，而帥偏師以修封疆，雖遇執事，其弗敢違。其竭力致死，無有二心，以盡臣禮，所以報也。」

王曰：

「晉未可與爭。」重為之禮而歸之。

病入膏肓

晉侯夢大厲，被髮及地，搏膺而踊，曰：

「殺余孫，不義，余得請於帝矣。」壞大門及寢門而入。

公懼入於室。又壞戶。公覺，召桑田巫。巫言如夢。

公曰：

「何如？」

曰：

「不食新矣。」

公疾病，求醫於秦。秦伯使醫緩為之。未至，公夢疾為二豎子，曰：

「彼良醫也，懼傷我，焉逃之？」

其一曰：「居肓之上，膏之下，若我何？」

醫至，曰：

「疾不可為也。在肓之上，膏之下，攻之不可，達之不及，藥不至焉，不可為也。」

公曰：

「良醫也。」厚為之禮而歸之。

六月丙午，晉侯欲麥，使甸人獻麥。饋人為之。召桑田巫，示而殺之。將食，張，如廁，陷而卒。小臣有晨夢負公以登天，及日中，負晉侯出諸廁。遂以為殉。

呂相絕秦

秦晉為成，將會于令狐，晉侯先至焉，秦伯不肯涉河，次于王城，使史顆盟晉侯于河

背晉成。

范文子曰：

「是盟也何益？齊盟所以質信也，會所信之始也。始之不從，其何質乎？」秦伯歸而東。晉郤犨盟秦伯于河西。

夏，四月，戊午，晉侯使呂相絕秦，曰：

「昔逮我獻公及穆公相好，勠力同心，申之以盟誓，重之以昏姻。天禍晉國，文公如齊，惠公如秦。無祿獻公即世，穆公不忘舊德，俾我惠公用能奉祀于晉；又不能成大勳，而為韓之師；亦悔于厥心，用集我文公：是穆之成也。

文公躬擐甲冑，跋履山川，踰越險阻，征東之諸侯——虞、夏、商、周之胤——而朝諸秦，則亦既報舊德矣。鄭人怒君之疆埸，我文公帥諸侯及秦圍鄭。秦大夫不詢于我寡君，擅及鄭盟。諸侯疾之，將致命于秦；文公恐懼，綏靖諸侯，秦師克還無害：則是我有大造于西也。

無祿文公即世，穆為不弔，蔑死我君；寡我襄公，迭我殽地，奸絕我好，伐我保城；殄滅我費滑，散離我兄弟，撓亂我同盟，傾覆我國家。我襄公未忘君之舊勳，而懼社稷之隕，是以有殽之師。猶願赦罪于穆公；穆公弗聽，而即楚謀我。天誘其衷，成王隕命，穆公是以不克逞志于我。

穆、襄即世，康、靈即位。康公我之自出，又欲闕翦我公室，傾覆我社稷，帥我蝥賊，以來蕩搖我邊疆。我是以有令狐之役。康猶不悛，入我河曲，伐我涑川，浮我王官，翦我羈馬。我是以有河曲之戰。東道之不通，則是康公絕我好也。

及君之嗣也，我君景公引領西望，曰：『庶撫我乎？』君亦不惠稱盟；利吾有狄難，入我河縣，焚我箕、郜，芟夷我農功，虔劉我邊陲。我是以有輔氏之聚。君亦悔禍之延，而欲徼福于先君獻、穆，使伯車來命我景公，曰：『晉將伐女。』狄應且憎，是用告我。楚人惡君之二三其德也，亦來告我曰：『秦背令狐之盟，而來求盟于我，昭告昊天上帝、秦三公、楚三王，曰：「余雖與晉出入，余惟利是視。」不穀惡其無成德，是用宣之，以懲不壹。』諸侯備聞此言，斯是用痛心疾首，暱就寡人；寡人之願也；其承寧諸侯以退，豈敢徼亂？君若不施大惠，寡人不佞，其不能以諸侯退矣！

敢盡布之執事，俾執事實圖利之！」

子產與商人

宣子有環，其一在鄭商。宣子謁諸鄭伯，子產弗與，曰：

「非官府之守器也，寡君不知。」

子大叔、子羽謂子產曰：

「韓子亦無幾求，晉亦未可以貳。晉國、韓子不可偷也。若屬有讒人交鬥其間，鬼神而助之，以興其凶怒，悔之何及。吾子何愛於一環，其以取憎於大國也。盍求而與之。」

子產曰：

「吾非偷晉而有二心，將終事之，是以弗與，忠信故也。僑聞君子非無賄之難，立而無令名之患。僑聞為國非不能事大字小之難，無禮以定其位之患。夫大國之人，令於小國，而皆獲其求，將何以給之。一共一否，為罪滋大。大國之求，無禮以斥之，何饜之有。吾且為鄙邑，則失位矣。若韓子奉命以使，而求玉焉，貪淫甚矣，獨非罪乎。出一玉以起二罪，吾又失位，韓子成貪將焉用之。且吾以玉賈罪，不亦銳乎？」

韓子買諸賈人，既成賈矣，商人曰：

「必告君大夫。」

韓子請諸子產曰：

「日起請夫環，執政弗義，弗敢復也。今買諸商人。商人曰，必以聞，敢以為請。」

子產對曰：

「昔我先君桓公，與商人皆出自周。庸次比耦，以艾殺此地，斬之蓬蒿藜藿而共處之。世有盟誓，以相信也，曰，爾無我叛，我無強賈，毋或匄奪。爾有利市寶賄，我勿與知。恃此質誓，故能相保以至于今。今吾子以好來辱，而謂敝邑強奪商人，是教敝邑背盟誓也，毋乃不可乎。吾子得玉，而失諸侯，必不為也。若大國令而共無藝，鄭，鄙邑也，亦弗為也。僑若獻玉，不知所成，敢私布之。」

韓子辭玉曰：

「起不敏，敢求玉以徼二罪？敢辭之。」

崔杼弒其君

齊棠公之妻，東郭偃之姊也。東郭偃臣崔武子。棠公死，偃御武子以弔焉。見棠姜而美之，使偃取之。

偃曰：

「男女辨姓，今君出自丁，臣出自桓，不可。」

武子筮之，遇困䷮之大過䷛，史皆曰：

「吉。」示陳文子。

文子曰：「夫從風，風隕，妻不可娶也。且其繇曰：

困于石，據于蒺藜，所恃傷也。入于其宮，不見其妻，凶無所歸也。」

崔子曰：

「嫠也何害，先夫當之矣。」遂取之。

莊公通焉，驟如崔氏。以崔子之冠賜人。侍者曰：「不可。」

公曰：「不為崔子，其無冠乎？」

崔子因是，又以其間伐晉也，曰：

「晉必將報。」欲弒公以說于晉，而不獲間。公鞭侍人賈舉，而又近之，乃為崔子間公。

夏五月，莒為且于之役故，莒子朝于齊。甲戌，饗諸北郭，崔子稱疾不視事。乙亥，公問崔子，遂從姜氏。姜入於室，與崔子自側戶出。公拊楹而歌。侍人賈舉止眾從者而入。閉門甲興。

公登台而請，弗許。請盟，弗許。請自刃於廟，弗許。皆曰：

「君之臣杼疾病，不能聽命。近於公宮，陪臣干掫有淫者，不知二命。」

公踰牆。又射之，中股，反隊，遂弒之。賈舉、州綽、邴師、公孫敖、封具、鐸父、襄伊、僂堙皆死。祝佗父祭於高唐，至，復命。不說弁而死於崔氏。

申蒯侍魚者，退謂其宰曰：

「爾以帑免，我將死。」

其宰曰：

「免，是反子之義也。」與之皆死。崔氏殺鬷蔑于平陰。

晏子立於崔氏之門外。其人曰：「死乎？」

曰：「獨吾君也乎哉，吾死也。」

曰：「行乎？」

曰：「吾罪也乎哉，吾亡也。」

曰：「歸乎？」

曰：「君死安歸。君民者，豈以陵民，社稷是主。臣君者，豈為其口實，社稷是養。故君為社稷死則死之，為社稷亡則亡之。若為己死而為己亡，非其私暱，誰敢任之。且人有君而弒之，吾焉得死之。而焉得亡之，將庸何歸。」門啟而入。枕尸股而哭。興，三踊而出。人謂崔子必殺之。

崔子曰：「民之望也，舍之得民。」盧蒲癸奔晉。王何奔莒。

叔孫宣伯之在齊也，叔孫還，納其女於靈公，嬖，生景公。丁丑，崔杼立而相之。

慶封為左相，盟國人於大宮，曰：「所不與崔、慶者，」

晏子仰天嘆曰：「嬰所不唯忠於君，利社稷者是與，有如上帝。」乃歃。辛巳，公與大夫及莒子盟。

太史書曰：「崔杼弒其君。」崔子殺之。其弟嗣書而死者二人。其弟又書，乃舍之。

南史氏聞太史盡死，執簡以往。聞既書矣，乃還。

孔子與夾谷之會

定公十年春，及齊平。夏，公會齊侯于祝其，實夾谷。孔丘相。犁彌言於齊侯曰：「孔丘知禮而無勇，若使萊人以兵劫魯侯，必得志焉。」齊侯從之。

孔丘以公退，曰：「士兵之！兩君合好，而裔夷之俘以兵亂之，非齊君所以命諸侯也。裔不謀夏，夷不亂華，俘不干盟，兵不偪好。於神為不祥，於德為愆義，於人為失禮，君必不然！」齊侯聞之，遽辟之。

將盟，齊人加於載書曰：「齊師出竟而不以甲車三百乘從我者，有如此盟！」孔丘使茲無還揖，對曰：「而不反我汶陽之田，吾以共命者，亦如之！」

齊侯將享公。

孔丘謂梁丘據曰：「齊、魯之故，吾子何不聞焉。事既成矣，而又享之，是勤執事也。且犧象不出門，嘉樂不野合。饗而既具，是棄禮也；若其不具，用秕稗也。用秕稗，君辱；棄禮，名惡。子盍圖之！夫享，所以昭德也。不昭，不如其已也。」乃不果享。

齊人來歸鄆、讙、龜陰之田。

中國歷代經典寶庫㉞

左傳——諸侯爭盟記

編　撰　者—孫鐵剛
編　　　輯—康逸藍
責任企劃—洪小偉
校　　　對—趙蓓芬
總　編　輯—陳蕙慧
董　事　長—趙政岷
出　版　者—時報文化出版企業股份有限公司
108019台北市和平西路三段二四〇號三樓
發行專線—（〇二）二三〇六—六八四二
讀者服務專線—〇八〇〇—二三一—七〇五
（〇二）二三〇四—七一〇三
讀者服務傳真—（〇二）二三〇四—六八五八
郵撥—一九三四四七二四時報文化出版公司
信箱—一〇八九九臺北華江橋郵局第九九信箱
時報悅讀網—http://www.readingtimes.com.tw
法律顧問—理律法律事務所　陳長文律師、李念祖律師
印　　　刷—綋億印刷有限公司
五版一刷—二〇一二年十月十九日
五版二刷—二〇二三年七月二十七日
定　　　價—新台幣二百五十元

時報文化出版公司成立於一九七五年，並於一九九九年股票上櫃公開發行，於二〇〇八年脫離中時集團非屬旺中，以「尊重智慧與創意的文化事業」為信念。

左傳：諸侯爭盟記 / 孫鐵剛編撰. -- 五版. -- 臺北市：時報文化，2012.10
面；　公分. --（中國歷代經典寶庫；34）

ISBN 978-957-13-5640-2（平裝）

1.左傳　2.通俗作品

621.73　　101016667

ISBN 978-957-13-5640-2
Printed in Taiwan